W0341594

Adolescences

Cet ouvrage a été conçu sous la direction de
Philippe Jeammet

Coordination et rédaction : Lise Mingasson

Responsable à la Fondation de France : Geneviève Noël,
chargée du programme « Santé des jeunes »

Consultant : Bertrand Sachs, sociologue

Sous la direction de Philippe Jeammet

Adolescences

Repères pour les parents et les professionnels

La Découverte
9 *bis*, rue Abel-Hovelacque
75013 Paris

Si vous désirez être tenu régulièrement informé de nos parutions, il vous suffit de vous abonner gratuitement à notre lettre d'information bimensuelle par courriel, à partir de notre site

www.editionsladecouverte.fr

où vous retrouverez l'ensemble de notre catalogue.

ISBN 978-2-7071-4377-8

En application des articles L. 122-10 à L. 122-12 du code de la propriété intellectuelle, toute reproduction à usage collectif par photocopie, intégralement ou partiellement, du présent ouvrage est interdite sans autorisation du Centre français d'exploitation du droit de copie (CFC, 20, rue des Grands-Augustins, 75006 Paris). Toute autre forme de reproduction, intégrale ou partielle, est également interdite sans autorisation de l'éditeur.

© La Fondation de France, Paris, 1993.
© La Découverte & Syros, Paris, 1997, 2002.
© Éditions La Découverte, Paris, 2004.

Présentation des auteurs

ALAIN BRACONNIER
Docteur en médecine, diplômé de psychologie, psychanalyste, psychiatre. Chef de service de la consultation pour adolescents du centre Philippe-Paumelle, 11, rue Albert-Bayet, 75013 Paris.

MARIE CHOQUET
Épidémiologiste et psychologue. Directeur de recherche à l'Institut national de la santé et de la recherche médicale (Inserm), responsable d'une équipe de chercheurs qui travaille sur la santé des adolescents (U 472, 16, avenue Paul Vaillant-Couturier, 94807 Villejuif Cedex).

LUCIEN HOULLEMARE
Praticien hospitalier, pédiatre. A été successivement: chef du service de pédiatrie à Annecy, enseignant en santé communautaire à Genève, directeur scientifique du Centre international de l'enfance, à Paris.

PATRICE HUERRE
Psychiatre des hôpitaux, spécialisé dans la clinique de l'adolescent depuis plus de vingt-cinq ans. Directeur médical de la clinique médico-universitaire Georges-Heuyer, 6, rue du Conventionnel-Chiappe, 75013 Paris. Établissement de la Fondation Santé des étudiants de France.

YVES JACQUET
Pédiatre. Responsable depuis 1986 de l'unité de soins pour adolescents du centre hospitalier de Cholet, 1, rue Marengo, 49300 Cholet.

DIDIER JAYLE
Médecin. Président de la MILDT (Mission interministérielle de lutte contre la drogue et la toxicomanie, 7, rue Saint-Georges, 75009 Paris).

PHILIPPE JEAMMET
Psychanalyste (Société psychanalytique de Paris). Professeur de psychiatrie de l'enfant et de l'adolescent à l'université Paris-V. Chef du service de psychiatrie de l'adolescent et du jeune adulte à l'Institut mutualiste Montsouris, 42, boulevard Jourdan, 75014 Paris.

LISE MINGASSON
Journaliste.

CATHERINE NISAK
Journaliste.

ANNE TURSZ
Pédiatre, épidémiologiste, spécialiste des problèmes de santé des adolescents à travers la pathologie accidentelle et les comportements de prises de risque. Directeur de recherches à l'Inserm (U 502/Cermes, Villejuif) et présidente de la commission de santé publique de ce même institut. Expert auprès de l'OMS (programme mondial de la prévention des accidents).

Table des auteurs

À l'initiative de la Fondation de France, cet ouvrage a été conçu par un groupe de spécialistes de l'adolescence. Leur contributions sont ainsi réparties :

Transformations
Yves Jacquet, Patrice Huerre
Encarts épidémiologiques de Marie Choquet et Anne Tursz

Besoins
Philippe Jeammet
Encarts épidémiologiques de Marie Choquet et Anne Tursz

Confrontations
Philippe Jeammet
Encarts épidémiologiques de Marie Choquet et Anne Tursz

Générations
Patrice Huerre

Troubles
Alain Braconnier
Encarts épidémiologiques de Marie Choquet et Anne Tursz

Amours
Patrice Huerre, Yves Jacquet, Didier Jayle, Philippe Jeammet

Communication
Philippe Jeammet, Lise Mingasson

Maladies
Yves Jacquet, Philippe Jeammet
Encarts épidémiologiques de Marie Choquet et Anne Tursz

Espaces
Catherine Nisak, Lucien Houllemare
Encarts épidémiologiques de Marie Choquet et Anne Tursz

Données épidémiologiques
Marie Choquet, Anne Tursz

Je me souviens
Témoignages recueillis par Catherine Nisak

Contrepoints
Lise Mingasson

Sommaire

La santé des jeunes, une priorité de la Fondation de France

Créée en 1969, la Fondation de France est un organisme unique par la diversité des outils qu'elle met à la disposition de tous ceux, particuliers ou entreprises, qui souhaitent mener à bien une œuvre généreuse.

Véritable plate-forme d'échanges, d'expérimentation et d'informations, la Fondation de France développe ses propres programmes dans les grands domaines de la solidarité, de la santé, de l'environnement et de la culture. Elle soutient la réalisation de projets d'intérêt général et encourage des initiatives qui apportent des réponses nouvelles à des besoins peu ou mal pris en compte par la collectivité. Elle contribue depuis plus de trente ans au développement des idées et au progrès social. Soucieuse de conférer le maximum d'efficacité aux moyens financiers qui lui sont confiés, elle définit chaque année le cadre précis d'intervention de ses programmes.

Priorité de la Fondation de France depuis 1994, la santé des jeunes occupe une place importante dans ses programmes de prévention. Les objectifs prioritaires de ce programme sont de favoriser l'accès des jeunes aux services de soin et de sensibiliser le grand public et les professionnels aux enjeux de l'adolescence.

L'information des professionnels, sur les étapes et conditions de développement de l'enfant, de la naissance à l'âge adulte, sur les difficultés de parcours auxquelles lui et sa famille peuvent être confrontés, et sur l'enjeu et le sens des comportements propres à l'adolescence, est une dimension récurrente du programme Santé des jeunes de la Fondation de France. Le partenariat avec les éditions La Découverte pour la troisième édition de cet ouvrage réaffirme cette volonté.

POUR EN SAVOIR PLUS
http://www.fdf.org
40, avenue Hoche - 75008 Paris
Tél. 01 44 21 31 28

Introduction

L'adolescence se prête à différents regards selon l'angle que l'on privilégie : l'âge, le sexe, le milieu socio-économique, l'origine géographique. Toutefois, deux caractéristiques semblent communes à ces approches variées : d'une part l'adolescence est une période particulièrement propice au changement, d'autre part le risque existe de voir se figer des conduites négatives qui altèrent ou empêchent le développement des potentialités du sujet. C'est une période où il est donc possible de se situer dans une dynamique évolutive ou d'adopter, au contraire, des conduites stéréotypées qui peuvent entraîner l'adolescent vers une impasse. L'adolescence représente une ouverture qu'il convient de ne pas manquer.

Il n'est pas question dans cet ouvrage de donner des « recettes » aux parents et aux éducateurs, mais de montrer les lignes directrices de ce qui se joue pour l'adolescent, garçon ou fille. L'objectif est d'aider l'adolescent à consolider ses acquis ou, le cas échéant, de lui donner de nouvelles chances de trouver une issue positive à ce qui a déjà marqué son enfance. Une manière de ne pas le laisser s'engager dans la vie adulte déjà trop lourdement chargé de drames intimes et de traumatismes.

Sur la base de regards portés par des médecins praticiens, confortés par une approche épidémiologique, dont les chiffres les plus récents ne font qu'accentuer les tendances déjà notées dans ce livre, les grandes lignes de force communes à cette période de la vie ont été mises en exergue. Les auteurs qui ont réfléchi ensemble autour de ce projet partagent l'expérience et l'intérêt pour l'adolescence. Ils ne se considèrent pas cependant comme détenteurs d'une vérité qui rendrait caduques les autres approches. Ils se situent au contraire en contrepoint et non en opposition avec les autres disciplines, appelées à envisager de leur point de vue et de manière complémentaire le passage à l'âge adulte.

Il est important de faire sentir à l'adolescent mais aussi à ses parents et à ceux qui l'entourent que ce qu'il a pu vivre jusqu'à présent ne fige pas son destin, que tout n'est pas joué et qu'il garde une partie de son avenir en mains. D'un regard nouveau porté sur l'adolescent, l'objectif essentiel de ce livre est de l'aider, à travers ses propres richesses, à faire son chemin dans la diversité des possibles

Professeur Philippe Jeammet

Avant-propos à la nouvelle édition

La santé des jeunes fait régulièrement l'objet de recherches épidémiologiques. Mais force est de constater que les enquêtes actuelles ne sont pas des reprises systématiques des enquêtes antérieures. En effet, l'intérêt des chercheurs évolue dans ce domaine comme dans tous les autres domaines de la recherche scientifique. Les sensibilités se modifient, les thèmes de recherche se complexifient, les questionnaires deviennent plus élaborées, plus pointues, plus précises, plus collaboratives aussi. Avec comme avantage le développement rapide des hypothèses et des nouvelles voies de recherche. Mais comme inconvénient le manque de comparabilité dans le temps sur certains points. Reste que, pour la majorité des troubles et conduites, on dispose maintenant d'un recul de dix ans (1993-2003), données largement reprises dans ce livre.

Le constat est parfois accablant : les choses n'ont pas toujours évolué dans le bon sens. Ainsi, la consommation de can nabis et les troubles de l'humeur ont nettement augmenté. Au point que cette augmentation nous pose des questions de société. Pourquoi les jeunes (et surtout les garçons) ont-ils actuellement tant besoin de consommer des substances psychoactives ? Pourquoi les troubles du sommeil sont-ils devenus si chroniques, en particulier parmi les filles ? Face à ces évolutions, la lecture de ce livre devient encore plus urgente.

Mais les évolutions observées sont porteuses d'espoir. Sans conclure à une relation « cause-effet », on est surpris :

a) par la récente diminution du tabagisme, qui fait suite à la politique publique sur ce thème (loi Évin, augmentation du prix du tabac) ;

b) par la diminution récente des tentatives de suicide chez les garçons, qui fait suite au « Programme national de lutte contre le suicide » ;

c) par une faible consommation régulière d'alcool chez les jeunes, qui fait suite à des actions permanentes de prévention (école, associations spécialisées) et à la responsabilisation progressive des producteurs.

Il est donc bien possible d'agir avec la volonté de tous, même si rien n'est jamais définitivement acquis.

Reste que tous les résultats épidémiologiques en matière de santé des jeunes ne peuvent être exposés dans ce livre. On ne peut donc que conseiller au lecteur de suivre régulièrement la parution des publications, de participer aux séminaires ou aux congrès organisés sur ces thèmes...

MARIE CHOQUET
Directeur de recherche INSERM, U 472
MAI 2004

Transformations

« Méconnaissable à moi-même,
étranger aux autres. »

Au sortir de l'adolescence, le jeune adulte qui se porte bien pourrait être ainsi décrit : il détient une bonne image de lui-même, s'adapte, se projette dans l'avenir avec une optique dynamique et investit en dehors des structures purement scolaires. Il est parvenu à une autonomie à la fois physique, psychologique et bientôt matérielle. Il a su accéder au plaisir par des intérêts situés au-delà de ses préoccupations ordinaires, en se soumettant au principe de la réalité du corps, du psychologique et du social.

L'adolescence est le passage qui mène à cette réalisation. La majorité des adolescents est en mesure de le franchir, sans rupture et avec un bon équilibre. Pour autant, la construction de l'identité et la reconnaissance progressive de celle-ci par soi-même et par l'environnement, ce qui constitue l'enjeu de cette période, ne peuvent s'effectuer sans quelques turbulences.

Des changements imposés

La métamorphose dont l'adolescent va être l'objet lui est imposée. Il n'en choisit ni le lieu, ni le temps, ni les composantes. Certes, elle est source d'un élan, de découvertes de potentialités et de pulsions nouvelles, mais risque de générer, dans le même temps, l'inquiétude, le doute, la souffrance ou la tension.

L'adolescent est l'objet de multiples transformations, physiques, psychologiques, affectives et sociales. Au cœur de la métamorphose : la rencontre avec le corps sexué. La sexualisation imprègne tous les changements, puisque l'individu se voit conférer une nouvelle fonction, celle d'assurer la reproduction de l'espèce.

Renoncer à son corps d'enfant n'est pas une mince affaire, celui-ci étant le garant d'une sécurité acquise au cours des années, dans une relation de dépendance aux images familiales, à leurs désirs, à leurs exigences. La puberté remet tout en cause. Le jeune pubère sait qu'il n'est plus un enfant, il le voit, il le sent, mais il ne peut pas toujours donner un sens à ce qui se passe en lui. Tout n'est pas visible ou mesurable.

Des questionnements multiples

Les questions relatives aux transformations corporelles, celles de la morphologie sexuelle ou de la biologie hormonale se posent, tout comme celles liées à l'expérience de la sexualisation sous tous ses aspects, à l'émergence de pulsions et de nouvelles capacités d'agir et de penser : « Qui suis-je ? » « Suis-je normal ? » « Comment me situer par rapport aux autres ? »

Le processus global qui organise l'ensemble de ces transformations engage l'adolescent dans un triple remaniement quant à la relation avec son corps sexué, son identité psychique et son environnement. L'adolescence impose une redistribution des règles et des énergies pour soi-même, mais également une redéfinition de la relation à l'entourage et en particulier aux parents. Si le présent est bouleversé, la recherche de repères adaptés s'inscrit cependant dans une évolution continue. L'enfant qu'il était, les projections, les espoirs et les craintes dont il a été l'objet tissent la toile de fond sur laquelle l'adolescent va dessiner les contours de cette situation inédite. Les parents, comme ils l'ont été autour du berceau quinze ans auparavant, se trouvent de nouveau aux prises avec les émotions, les joies et les déceptions, dans la confrontation avec la réalité de leur adolescent. Réactivation du passé, force du présent, interrogations concernant le futur, le temps de l'adolescence n'est pas linéaire. Les données s'enchevêtrent, créant un espace où peu à peu, avec des avancées et des reculs, des angoisses et des succès, une personnalité se dessine : féconde ou frustrée, souple ou rigide, autonome ou dépendante. C'est à l'accompagnement de l'adolescent, dans cet itinéraire riche et complexe, que sont conviés les parents et les éducateurs.

Se métamorphoser

Le corps est ce par quoi le changement va advenir. Par définition, l'apparition des premiers signes pubertaires marque le début de l'adolescence. Ceux-ci, associés à la poussée importante de la croissance, constituent ce qui est d'emblée le plus visible dans les processus de transformation et de métamorphose de l'adolescent.

Le changement pubertaire travaille le corps de l'enfant, bouleverse ses repères et son développement physique. C'est le corps du sujet qui est au cœur de l'adolescence, un corps en transformation, un corps en identification, un corps en cours de sexualisation. Ici, il sera question du corps anatomique – l'ensemble des fonctions vitales – et aussi du corps identitaire, ce qui fait que nous nous reconnaissons et que l'on nous reconnaît. Ceci montre bien l'imbrication des transformations somatiques (qui concernent le corps) et psychiques. C'est l'intérêt d'une approche globale de l'adolescent.

Des événements qui s'imposent

Il existe des pubertés paisibles, mais il arrive aussi qu'elles soient vécues comme de véritables traumatismes qui affectent spécifiquement le corps. Le passage d'un corps d'enfant à un corps d'adulte est pour certains une épreuve. La puberté est un phénomène naturel, qui survient de lui-même ; elle peut donc être ressentie comme subie, non choisie par le sujet. La puberté se définit comme l'ensemble des changements, essentiellement biologiques et anatomiques, qui aboutissent à la capacité de reproduction. Elle est limitée dans le temps, alors que l'adolescence s'inscrit dans une durée plus variable. Elle ne débute pas au même moment pour tous et s'étend sur une période différenciée selon chacun. Mais les événements observables se déroulent dans une séquence rigoureusement stéréotypée. Ceci est valable pour les deux sexes. Statistiquement parlant, le début de la puberté est sensiblement plus précoce chez la fille.

Sur le plan biologique, les modifications hormonales qui déterminent ces événements sont bien connues. Elles correspondent à l'inondation de l'organisme par les hormones, dont la sécrétion va s'organiser en cascades à partir d'une impulsion émanant d'une zone profonde du cerveau. En effet, la production d'hormones sexuelles démarre sous la poussée d'une hormone sécrétée par l'hypothalamus, que l'on appelle LH-RH. Cette hormone excite la production de deux autres hormones par l'hypophyse, voisine de l'hypothalamus : il s'agit de FSH et de LH. Celles-ci ont pour cible les glandes sexuelles (ovaires et testicules) où elles vont induire la sécrétion d'hormones sexuelles. Progressivement, chez la fille, tout ce système va s'organiser sur un mode rythmique qui permettra l'apparition séquentielle des règles.

Le premier signe visible chez la jeune fille est l'apparition des bourgeons mammaires qui peuvent être au début légèrement asymétriques. Ceci survient en moyenne à onze ans et demi, précédant les premiers poils pubiens et axillaires (aisselles). Les stades successifs du déroulement pubertaire sont médicalement cotés par les règles de Tanner, du stade 1 (aspect infantile) au stade 5 (aspect adulte). Cette cotation concerne le développement mammaire et celui des pilosités pubienne et axillaire. Il existe de grandes variations individuelles quant à la naissance de ces premières manifestations. Le développement complet des seins jusqu'à l'aspect adulte prendra environ quatre ans. La pilosité définitive sera atteinte en moyenne en deux ans et demi, avec cependant des extrêmes d'un an à trois ans et demi. Vers douze ans et demi apparaissent les premières règles.

Chez le garçon, les événements se déroulent de façon également stéréotypée, mais, au début, rien n'est aussi visible que le développement des seins chez la fille. Il n'existe pas non plus de marqueur équivalent aux premières règles. Le démarrage pubertaire est marqué par l'augmentation du volume testiculaire, qui intervient environ à l'âge de onze ans et demi. Entre douze ans et demi et treize ans, on observe le début de l'augmentation de la longueur et du volume de la verge ; simultanément le volume testiculaire continue d'augmenter. La pilosité pubienne apparaît juste après. Il existe de grandes différences quant à l'âge où ces phénomènes peuvent se produire. En effet, l'augmentation du volume testiculaire peut commencer dès neuf ans et demi, mais aussi se faire attendre jusqu'à treize ans et demi et donc se terminer beaucoup plus tard. Chez le garçon, on pourra envisager un bilan lorsque aucun signe pubertaire (mesurable également par les règles de Tanner) n'est apparu à quatorze ans.

Dès le début, cette période est marquée par une accélération de la vitesse de croissance, qu'il est très facile de repérer cliniquement sur les courbes. Si, de cinq à dix ans, les membres inférieurs grandissent plus que le tronc, dès la puberté, ce rapport s'inverse : 2/3 pour le tronc, 1/3 pour les membres inférieurs. La poussée de croissance est essentiellement supportée par le tronc, mais, en réalité, elle est constituée par la juxtaposition de trois micropics : pic de croissance discret mais indiscutable au niveau des membres inférieurs, poussée de croissance sur le tronc, puis sur le thorax.

De toutes les croissances, la plus forte est celle du thorax. Le périmètre thoracique augmente par exemple chez le garçon de 25 cm entre dix et dix-huit ans. Ceci correspond également à une progression dans la maturité du développement squelettique qui détermine ce que l'on appelle l'âge osseux : le début du développement pubertaire étant marqué par l'apparition d'un petit os visible sur la radio de la main, le sésamoïde du pouce.

SCHÉMA CORPOREL

Les modifications du schéma corporel et les difficultés de repérage dans l'espace qui en résultent, notamment lors de la pratique sportive, se trouvent être parmi les causes du pic de fréquence des accidents observés chez les adolescents.

Les accidents représentent un problème majeur de santé publique. Entre 15 et 24 ans, ils constituent la première cause de mortalité (53,9 % des causes de décès en France, en 1990). Les garçons meurent plus que les filles et de manière croissante avec l'âge ; mais les filles accèdent à leur tour à des activités à risque, jusque-là réservées aux garçons, ce qui aura tendance, à terme, à modifier les données actuelles.

Les autres causes d'accident se situent principalement dans l'accès à un environnement dangereux, la consommation de toxiques, les comportements de prises de risque, les difficultés affectives éventuelles et la pression du groupe des pairs.

Méconnaissables à eux-mêmes

Sur le plan morphologique, d'autres modifications se produisent. Elles vont modeler la silhouette de la jeune fille dans le sens de la féminisation : il s'agit notamment de l'élargissement des hanches, du développement normal de la masse graisseuse, qui est plus importante que chez le garçon. Chez celui-ci, on assiste à une modification des rapports corporels, avec une augmentation de la largeur des épaules.

Simultanément interviennent le développement de la masse musculaire, la mue de la voix et la pilosité du visage.

Toutes ces transformations, qui sont imposées, obligatoires, subies par l'adolescent, lui confèrent une nouvelle morphologie, réalisant une véritable métamorphose pouvant le rendre méconnaissable à des personnes proches dont il est séparé depuis quelque temps. Il n'est pas rare qu'elles le rendent méconnaissable à lui-même : gauche, maladroit, ne sachant plus très bien qui il est et qui il est en train de devenir. Le miroir est un complice qu'il appelle souvent à la rescousse ou qu'il fuit : que la taille menace de ne pas être standard, que les traits du visage s'épaississent, que la poitrine soit trop volumineuse ou trop menue, les fesses trop larges, les pieds trop grands ou le nez trop long, que les épaules soient trop étroites chez le garçon et la morphologie un peu enrobée chez la fille, et s'installe, chez l'un comme chez l'autre, l'inquiétude.

PERCEPTION DU CORPS

La satisfaction pondérale est un bon indicateur de l'aisance corporelle. Si une majorité (68 %) de jeunes se trouvent « bien » du point de vue de leur poids, 21 % se trouvent « trop gros », 11 % « trop maigres ». La différence entre les garçons et les filles est importante (30 % des filles contre 11 % des garçons s'estiment « trop grosses », respectivement 8 % et 10 % « trop maigres »).

Source : Enquête nationale auprès de 12000 jeunes. Inserm, U 169 (Choquet, Ledoux), 1993.

BIEN DANS LEUR PEAU

La majorité des adolescents se disent « bien dans leur peau » (84 %) et sûrs d'eux-mêmes (53 %). Mais les garçons se disent plus à l'aise que les filles, et ceci dès l'âge de la puberté. Entre 11 et 19 ans, cette différence persiste, voire s'accentue.

« Je ne comprends rien à ce qui m'arrive avec mon corps. Je voudrais bien être comme mon chat, parce que lui, on voit bien que son corps est tout le temps d'accord avec sa tête. Il a un corps de chat et une tête de chat. Tandis que moi, j'ai l'impression qu'il arrive des choses que ma tête ne contrôle pas. Finalement il n'y a qu'une façon de décrire ce que j'ai, c'est que je ne sais pas ce que j'ai » (extrait du téléfilm *Cornichon au chocolat,* diffusé le 18 septembre 1991 sur Antenne 2). L'adolescent ressent un sentiment d'étrangeté qu'il lui est difficile d'exprimer.

La perte de la quiétude

Tous ces processus imposent une rupture avec l'enfance. Il n'y a pas d'autre choix que d'en faire le deuil, comme de tout ce qui s'y rattache : le statut de l'enfant, ses privilèges et notamment une certaine forme de toute-puissance. La puberté étant inscrite dans le corps, l'individu se voit assigner un sexe. Il lui est donc imposé d'abandonner une partie de ce qui le rattachait au passé, tout en intégrant une foule de données nouvelles. La perception qu'il a de son corps participe à cette nouvelle identité dont il porte les marques. L'irruption de la puberté génère une extrême tension à l'intérieur même du corps de l'adolescent. La quiétude a disparu du fait des pulsions et des besoins nouveaux qui émergent. En quelques mois, l'adolescent vit une transformation profonde de l'image de son corps dans une triple dimension : statique, dynamique et interactive. Sur le plan statique, les modifications morphologiques provoquées par la puberté impliquent la confrontation de l'adolescent à de nouvelles réalités anatomiques. Il vit dans un monde d'apparences où les formes ont leur importance. Il s'interroge non seulement sur l'aspect purement visuel, mais aussi sur toutes les sensations cognitives, affectives, émotionnelles qu'il va éprouver. Il a besoin de se reconnaître, de se comparer, de s'estimer par rapport aux autres, en avouant d'ailleurs, lorsqu'on lui en parle, que ce qu'il ressent « dépend des jours ». Soit il accepte une image qu'il identifie comme étant celle de son propre corps, soit au contraire il la refuse de façon globale, ou encore se focalise sur tel ou tel aspect (taille, poids, forme du nez, galbe des cuisses, poussée d'acné). Ce refus peut prendre la dimension d'une véritable phobie (dysmorphophobie), et s'accompagner d'une dévalorisation de l'image de son propre corps, une atteinte même minime venant altérer l'ensemble de l'image.

Sur le plan dynamique, la perte de la stabilité s'explique par une altération des repères spatiaux causée par la poussée de croissance. Ce qui explique certaines maladresses : les adolescents apparaissent moins doués, plus maladroits, certains renoncent même en partie aux activités de leur enfance, sportives ou culturelles par exemple. Le recul de certaines performances peut les faire souffrir et les pousser parfois à se désinvestir de quelque activité ancienne, ce que l'entourage – et les parents en particulier – a parfois du mal à admettre.

Enfin, le corps comme support des échanges avec l'environnement n'offre plus la stabilité que l'enfance lui conférait. L'adolescent doit faire un travail d'acceptation de son corps nouveau, une entreprise incertaine qui l'incite à des attitudes contrastées : prise de distance, provocation ou encore séduction.

Discerner le positif

Les mutations auxquelles l'adolescent est confronté entraînent parallèlement des évolutions de sa pensée et de son jugement. Il devient facilement critique parce que le monde des adultes n'est pas le modèle qu'il imaginait. Il éprouve des moments de terrible déception entraînant des périodes de rébellion enflammée. Des attitudes de soumission passive alternent avec des initiatives d'extrême confiance riches d'enthousiasme, suivies de paresse absolue et de renoncement ascétique.

L'adolescent devient plus distant et plus secret, plus vulnérable, exprimant de façon moins évidente ses besoins affectifs. Il supporte difficilement les règles et les contraintes, tandis que l'adulte, de son côté, tolère mal qu'elles soient enfreintes par celui qui n'a pas encore fait la preuve de ses capacités. Le conflit surgit, d'autant plus vif que l'adolescent est plus excessif. Il est à la fois égoïste et généreux, peureux et téméraire, enthousiaste et découragé...

À travers les tâtonnements, les échecs et les contradictions qui peuvent amener les parents à des remises en cause parfois douloureuses d'eux-mêmes et de leur autorité, il est important cependant de savoir discerner le positif.

Quels sont les parents qui ne sont pas ravis de l'aisance de leur adolescente sur une scène de théâtre ? Quelle admiration devant sa dextérité au piano !

Quel étonnement de le (ou la) voir organiser une petite réception pour fêter ses seize ans, alors qu'il lui semble si difficile de donner un coup de main à la cuisine !

Quelle surprise devant la décoration de sa chambre ou le choix de certaines tenues, certes originales, mais qui le (la) mettent en valeur ! D'autres s'étonneront de l'agilité de leur fils au basket, de la rapidité de sa course, de sa dextérité, alors qu'à la maison il a du mal à se servir d'un marteau ou d'une scie !

Quel contraste devant tel garçon qui se plaint du moindre bobo, et qui fait preuve d'un sérieux exemplaire pour préparer une sortie en mer et affronter les vagues par grand vent ! Si les parents peuvent être parfois déconcertés par leur adolescent, qu'ils n'oublient pas à ce moment-là qu'ils sont capables de poser sur lui aussi un autre regard.

Miroir du corps

Pendant l'enfance, un individu acquiert de lui-même une certaine image qui se constitue à travers le regard des autres, les albums de photos, le miroir... Cette image chemine en parallèle avec les transformations objectives de son corps ; et pendant quelques années la concordance entre les deux est réalisée. Mais au moment de la puberté, les transformations corporelles s'accélèrent et la tête ne suit plus ! S'ouvre une période de décalage entre ces deux transformations : réelles et imaginaires. L'image de soi ne correspond plus avec la réalité.

Le décalage, source d'angoisse

Le décalage qui s'instaure est source d'angoisse, qui elle-même donne lieu à des mécanismes particuliers de transformations (*cf. Troubles*, p. 99). L'angoisse pousse à une recherche d'adaptation qui produit des changements dans les attitudes psychiques et les comportements.

L'adolescent peut être très angoissé, par exemple, par ce nouveau visage qui lui plaît plus ou moins et que lui renvoie le miroir depuis quelque temps. Pour cette raison, il peut devenir coléreux ou fugueur, ou encore solitaire... L'entourage ne comprendra pas forcément cette transformation du comportement, alors qu'en fait, au départ, la raison en est simple.

À ce moment de la vie, agir est un moyen de décharger son anxiété : bouder, se mettre en colère, obtenir de mauvais résultats scolaires. De façon moins ordinaire, fuguer, faire une tentative de suicide sont des actes qui font diversion face à une angoisse impossible à supporter. Une autre manière d'échapper au stress du présent consiste à se tourner vers le passé, c'est-à-dire à régresser. Des manières nouvelles de gérer les tensions sont expérimentées ; ou au contraire sont retrouvées des bases plus familières d'adaptation utilisées par le petit enfant.

Ainsi, à partir d'éléments nouveaux comme les transformations corporelles, un décalage s'établit entre l'image de soi et le corps réel, comme entre la sexualité possible physiquement et impossible à assumer. Cet écart provoque une certaine angoisse, elle-même génératrice de changements. L'important est de pouvoir établir des liens entre des phénomènes ordinaires et leurs conséquences parfois un peu extraordinaires. On jugerait à tort certaines réactions comme le signe d'une pathologie, alors qu'elles sont liées à des événements très simples. On tentera d'éviter de se laisser tromper par des comportements incompréhensibles à nos yeux, au point d'oublier l'importance d'un bouton sur le nez !

Il aimerait être « comme »

L'adolescent se cherche. Il tente de trouver des images de lui-même qui lui correspondent. Mal dans sa peau, il est en quête d'une autre image plus acceptable. Il cherche à être « comme », en copiant des modèles et des héros sur les affiches ou les posters. Pendant toute cette période, il ne faut pas s'étonner que le jeune s'enferme dans la salle de bains et bloque l'accès pendant des heures, qu'il change de coiffure trois fois par jour ou qu'il revendique des goûts vestimentaires contestables. Tout ceci ne traduit pas l'instabilité mais la recherche. Il est inquiet et il cherche des issues. Il devient aussi très pudique et ne supporte pas, au cours de cette quête, que l'on se moque de lui.

À défaut de savoir qui il est, il va chercher à ressembler à tel chanteur, à telle vedette. Il s'identifie à des personnages dont il adopte tout, y compris l'apparence physique.

Si le regard de l'adulte s'arrête à ce moment-là, sans comprendre qu'il s'agit d'une identité provisoire, et manifeste à son égard un intérêt ou une agressivité particuliers, celle-ci risque fort de s'installer un peu plus, à la mesure de l'effet qu'elle a sur l'autre. Alors que, si cette attitude ne provoque pas de réactions particulières chez l'entourage, on s'aperçoit que l'identité fluctue, qu'elle varie tous les trois mois ou même tous les jours, voire trois fois par jour !

Maltraiter sa propre image

Certains adolescents, par leur coiffure ou leurs vêtements, vont même jusqu'à se réfugier dans une attitude de provocation. Ils poussent la recherche de la laideur et de la dysharmonie à son maximum. Comment expliquer ces non-sens esthétiques ? Bien souvent, les adolescents préfèrent maltraiter leur propre image, plutôt que de l'accepter telle qu'elle est. En la rendant manifestement laide, voire désastreuse, ils ne laissent subsister aucun doute. Au moins, ils ne risquent pas de plaire ! Ils sont tranquilles ! En faisant en sorte que personne ne puisse les trouver attirants, ils mettent fin à leurs interrogations. C'est un avantage provisoire.

Dans ces attitudes provocantes, la recherche du jugement des parents n'est pas absente. Vont-ils s'apercevoir de cette escalade ? Y resteront-ils indifférents ? Au fond, qu'est-ce que ça leur fait ? Se pose alors la question des limites et de leur franchissement.

Qui suis-je ?

Dans le même temps où il cherche à s'approprier son corps nouveau, l'adolescent est en quête de son identité psychique. Il explore différentes possibilités de trouver des identités sociales et familiales. À la question « Qui suis-je ? » il répond : « Je suis un bon (ou un mauvais) élève ; je suis celui qui fait toujours rire, ou celui qui ne dit jamais rien ; je suis solitaire ou chef de bande ; je ne lis que des grands auteurs ou des bandes dessinées. » Bref, diverses images de marque vont lui servir d'identité provisoire. Il faut veiller à ce que celle-ci ne se fige pas et ne soit pas fixée par la parole des adultes. D'où, parfois, la difficulté pour certains adolescents à se sortir de solides réputations, se piégeant eux-mêmes dans ce qu'ils ont mis en place.

Partager la charge

Pour mieux supporter le poids de l'incertitude, certains adolescents préfèrent le soutien d'un groupe (musical, sportif, idéologique) à la solitude. Le risque d'entrer dans ce groupe sans trop d'esprit critique est à la hauteur de l'intérêt qu'il représente pour un adolescent qui, bien souvent, va en dépendre pendant quelque temps.

En son sein, ils sont plusieurs à supporter le poids de l'identité, ils n'ont plus à se demander qui ils sont. En partageant la charge, ils trouvent un apaisement provisoire. Face à ces phénomènes de groupe, les adultes sont souvent irrités du conformisme des adolescents au point de vue vestimentaire, musical... Pourtant, cela ne signifie pas qu'ils seront plus tard enfermés dans des comportements stéréotypés, mais plutôt qu'ils en ont besoin pour l'instant. C'est un conformisme nécessaire.

La recherche d'identité de l'adolescent est un phénomène complexe qui ne peut être séparé ni du passé du jeune ni de celui de ses parents. Doit être prise également en considération

• • • • Contrepoints

Flo, cheveux relevés en chignon, caleçon noir, petit chemisier blanc noué sous la poitrine. Entre les deux, l'espace esquissé de la taille, de profil la courbe des hanches. Elle attrape le ballon et tout disparaît.

Thomas quitte enfin la salle de bains. Mon regard glisse sur son visage, y retourne, s'immobilise, happé par une vision inconnue. Nous nous faisons face.
« Mais qu'est-ce que tu as fait ? » Je parle fort. J'ai peur. Les cheveux sont rasés, très haut au-dessus des oreilles. Visage de l'étranger. Je hurle. « Mais qu'est-ce que tu as fait ? »

la façon dont l'entourage a imaginé son avenir. C'est à partir de toutes ces dimensions que la personnalité future se construit.

Présence du passé

Tout n'est pas joué avant six ans ! Certes, les relations qui se sont nouées pendant la toute première enfance seront présentes par la suite dans la vie psychique, notamment au moment de l'adolescence. Mais se manifeste, à cette époque, une grande capacité de récupération et de transformation qui permet des évolutions. L'expérience de la vie passée pèse sans aucun doute, mais elle ne fige pas l'avenir pour autant.

Entre imaginaire et réalité

Il existe des concordances entre ce qui s'est passé pendant l'enfance et la période d'adolescence. Avant la naissance, les parents ont pu imaginer à leur gré leur enfant : il sera comme ceci ou comme cela, il deviendra ceci ou cela. Au moment de la naissance, et dans les premiers temps de la vie, se produisent des concordances ou des divergences entre ce que les parents avaient imaginé et l'enfant réel : « Tu as vu comme il ressemble à l'oncle Adrien ? » « Tiens, elle fronce les sourcils, elle n'a pas l'air commode ! » L'avenir du bébé va s'organiser dans la conjugaison de ce qu'on attend de lui et de ce qu'il est vraiment.

À l'adolescence, se reproduisent sur un plan très profond des mécanismes du même ordre ; des décalages éventuels peuvent de nouveau se manifester entre ce que les parents rêvent pour leur enfant et ce que celui-ci manifeste comme capacité réelle ou désir personnel. Soudain, une identité se dessine qui ne ressemble pas à celle que les parents souhaitaient pour lui ou pour elle, comme pour le nouveau-né.

Certains parents vont retrouver les mêmes difficultés à accepter de reconnaître leur adolescent tel qu'il est et non pas tel qu'ils l'ont rêvé. Ou encore, ils préféreront continuer à le rêver sans tenir compte de ce qu'il est.

Tout va se jouer dans l'« accordage » qui peut s'établir entre rêve et réalité ; il ne s'agit pas de sacrifier l'un à l'autre. Le jeune suscite des désirs et des espoirs, moteurs pour son développement. Y renoncer totalement serait certainement très bloquant. À l'inverse, refuser de prendre en considération l'enfant réel, préférer le rêve donnerait à l'adolescent un sentiment d'étrangeté, lié à un projet où il ne pourrait se reconnaître. Un réajustement très particulier va s'aménager entre l'imaginaire et le réel.

Les accidents de parcours

Au moment de la naissance comme au moment de l'adolescence, des difficultés imprévues peuvent surgir, susceptibles de modifier le cours de la vie. Par exemple, le bébé est mis en couveuse ou en réanimation ; il fait une convulsion... En eux-mêmes, ces événements sont assez courants et pourraient ne pas entraîner de conséquences. Mais, selon la réaction de l'entourage et l'impact qu'ils provoquent, ils peuvent avoir des destinées différentes. Pour les parents, tout ceci peut être vécu en résonance avec leurs propres expériences et provoquer des attitudes plus ou moins marquantes pour l'enfant. On peut penser par exemple qu'un enfant qui fait une convulsion sera peut-être, alors qu'il n'en est rien, un futur épileptique. Et cette peur des parents peut changer complètement le destin de l'enfant, le figer en le prédéterminant.

On retrouve ces phénomènes au moment de l'adolescence. L'adolescent tombe malade, est victime d'un accident, ou encore sa transformation corporelle impressionne beaucoup

• • • • Contrepoints

Étalées, allongées, repliées, accroupies, tendues, affalées, elles se sont mises à dépasser, des socquettes, des pantalons et bientôt du canapé quand il s'y vautre. Tout a commencé par les jambes.

D'un geste, il a enfilé la veste paternelle. Brusquement de dos, la nuque, le mouvement de l'épaule, la vivacité de la démarche... un homme.

Sur la porte de sa chambre un grand dessin au feutre noir. Un dragon, la gueule grande ouverte, cracheuse de feu et de flèches. Une inscription « Attack Danger ».
On s'écrase.

ses parents. Dans ce moment de fragilité où l'ajustement entre l'enfant imaginé et l'enfant réel est en train de se jouer, les événements vont imprimer leur marque. Selon leur gravité, l'écart sera plus ou moins facile à combler.

Des émotions à la pelle

Autour du nouveau-né, l'entourage se rassemble au-dessus du berceau. On le retrouve au moment de l'adolescence à la porte de la chambre ! Dans les deux cas, le choc de la naissance ou les transformations de la puberté délient les langues et stimulent les imaginations. Et les émotions sont toujours au rendez-vous ! Bien souvent les parents ont oublié qu'ils avaient déjà ressenti des émois du même ordre autour du couffin, qu'ils ne sont pas confrontés à cette expérience pour la première fois ; lorsqu'on peut les aider à se souvenir, il leur est permis de rétablir des liens et donc de relativiser.

Un couffin symbolique

Lorsque le nouveau-né pleure sans raison apparente, le parent a tendance spontanément à le prendre dans ses bras, à l'envelopper corporellement, à lui parler. Cet enveloppement matériel et sonore l'apaise, et bientôt l'enfant s'endort. De même, on sait qu'il est mieux dans un couffin ou un landau que dans un grand lit d'adulte, où il risque de tomber ou de se perdre. Le bébé, en effet, a besoin de trouver des limites à son corps, qui le rassemblent et lui donnent le sentiment d'une unité corporelle. On pourra l'observer : placé dans un espace un peu vaste, il rampera jusqu'à trouver des parois, des limites par un contact contre sa peau.

L'adolescent ressent lui aussi le besoin d'un couffin : un couffin symbolique ; c'est-à-dire qu'il doit pouvoir se représenter des limites, sous la forme d'interdits, de règlements, de contrats que l'on passe avec lui. De même que lui est nécessaire un couffin matérialisé, comme le constitue sa chambre ou son espace personnel. Il aspire à un cadre parce que, comme le bébé, il a besoin d'être contenu. En effet, il est désemparé, décontenancé, ignorant de ce qu'il deviendra, ne sachant plus d'où il vient. Il risque l'éclatement. En faisant de sa chambre un lieu défendu, protégé – « Défense d'entrer ! » –, il crée un espace clos, un lieu où réunir son corps et son esprit qui sont en voie de constitution. Sur les murs, des posters lui renvoient une image acceptable, la musique l'enveloppe d'un bain sonore protecteur. Comme le bébé dans son couffin ou dans les bras de ses parents, il s'apaise. Mieux, il peut travailler malgré les décibels, se concentrer sur ses activités parce qu'il n'a pas besoin de dépenser son énergie à se rassembler. Dans le même sens, les professionnels éducatifs et de santé le constatent : un entretien avec un adolescent se déroulera d'autant mieux qu'il se situe dans un espace clos et non dans une pièce où la porte risque de s'ouvrir à tout moment, où des parois vitrées exposent au risque d'intrusion. Un adolescent aux aguets ne peut être disponible pour la relation. On peut le constater, contrairement aux apparences et à sa demande d'indépendance, le jeune a besoin d'être maintenu, bien sûr avec souplesse.

Dépasser les bornes

Comme le petit enfant qui tente d'obtenir une sucette à chaque fois qu'il se trouve dans une boulangerie, l'adolescent expérimente de nouveau ses possibilités de satisfaire ses désirs quand il le veut. Aura-t-il appris pendant l'enfance qu'il n'existe pas de lien exclusif entre un cadeau et l'affection, que ce n'est pas parce qu'on lui refuse un bonbon qu'on ne l'aime plus ? Qu'un cadeau n'est pas un dû, qu'il peut être différé ? Tout cela se négocie dans la petite enfance. L'adolescence remet ces questions à l'ordre du jour. Il suffit de se souvenir des petits événements de l'enfance pour mieux comprendre ce qui se passe à l'adolescence. Si tout n'est pas déterminé, il ne faut pas s'étonner cependant de la répétition des mêmes scènes, même si les circonstances sont différentes.

L'adolescent qui aura appris très tôt qu'on ne peut obtenir tout dans l'instant tentera une nouvelle fois de transgresser, de repousser les limites. Il essaiera, par exemple, de négocier interminablement les horaires, les sorties... Mais si les parents conservent la même position, il acceptera l'éventualité d'un refus.

Dans le cas inverse où, enfant, il aurait toujours obtenu ce qu'il voulait, l'adolescent ne comprendra pas un éventuel revirement des parents. Ceux-ci peuvent être surpris de voir leur adolescent transgresser, exiger, désobéir, entrer dans un processus d'escalade. Mais c'est tout simplement qu'ils ont oublié leur attitude permissive dans le passé et qu'ils en supportent désormais la contrepartie. Un lien direct s'établit entre l'enfance, dans les premières expériences de négociation et d'échange, et les confrontations de l'adolescence. Peut-être devrait-on s'intéresser à ces questions plus tôt dans l'existence ?

Le retour en arrière

Quand le présent devient trop dur, que l'adolescent se sent malmené, il peut être tenté par un retour en arrière qui le ramène à une situation connue de l'enfance. Il peut retourner plus ou moins loin dans le passé, selon la difficulté à laquelle il est confronté. Dans le cadre de ce livre, nous ne pouvons reprendre dans le détail les processus d'évolution de l'enfant et les différents stades qui les caractérisent aux yeux de la psychanalyse.

Prenons l'exemple de l'apprentissage de la propreté. Dans certaines familles, cette étape a pu être l'objet d'un enjeu très

•••• **Je me souviens**

J'ai de mon adolescence un souvenir douloureux. À cette époque de ma vie, j'avais les deux joues rouges, en permanence. Le sens de ces rougeurs en forme de boomerang m'échappait totalement et me rendait honteux. Je pensais que tout le monde le remarquait, dans le métro, l'autobus, la rue, les réunions amicales ou familiales. Je m'étais convaincu que mes joues étaient rouges parce que je n'avais pas de relations sexuelles.

Et je n'avais pas de relations sexuelles parce que j'étais timide, et donc je rougissais... C'était insoluble et si douloureux. J'en étais parvenu, dans l'espoir de maîtriser ma confusion, à me faire rougir de force, pour être rouge tout le temps, pour que l'on pense que c'était un état permanent, donc naturel, et non causé par l'émotion ou la virginité. J'ai oublié quand et comment la coloration excessive de mon visage a disparu, mais je n'ai jamais oublié cette souffrance-là.

Jean, 52 ans

important, conflictuel, accompagné d'exigences. L'enfant a pu alors expérimenter que, en ne se soumettant pas aux attentes de son entourage, il développait des relations encore plus fortes avec lui. On attendait de lui qu'il fasse dans le pot au moment choisi par l'autre ; il a préféré faire à côté, à son heure. Il en a déduit que ce moyen était privilégié, qu'ainsi il touchait ses parents et avait donc la possibilité de mieux maîtriser ses relations avec eux.

À l'adolescence, des scénarios équivalents se déroulent à propos de l'hygiène corporelle ou du vêtement : méticulosité excessive ou négligence et saleté, ce qui revient au même. Plus l'entourage réagit avec irritation, plus la manœuvre est réussie. L'adolescent est « emmerdant », on peut utiliser le mot ! Les « matières » scolaires sont à l'adolescence ce que les matières fécales sont au petit enfant. On peut rendre des torchons, avoir des « sales » notes, porter sur son dos un sac-poubelle, des actes qui auront la même signification. Toutes ces manifestations représentent ce qu'un vocabulaire spécialisé qualifie de régression anale.

En écho avec les premiers temps de la vie, les effets du retour en arrière peuvent se jouer en prenant comme objet la nourriture et le temps des repas. Nous évoquons ici non pas les maladies de l'alimentation, comme l'anorexie mentale ou la boulimie pathologique (*cf. Maladies*, p. 147), mais les bizarreries alimentaires transitoires. Tel adolescent n'a jamais faim au moment des repas ; en revanche il se précipite vers le garde-manger dès que tout est terminé. Tel autre refuse les légumes verts et les fruits, et se bourre de chocolat au grand dam de la diététique. La plupart du temps, il s'agit de régressions transitoires auxquelles il faut laisser libre cours, tant qu'elles ne s'installent pas durablement. Elles sont tout simplement liées aux difficultés ordinaires de la puberté.

Un moyen de se réassurer

Par ces comportements de régression, l'adolescent recherche l'aspect rassurant de ce qu'il a déjà expérimenté ; il espère ainsi retrouver une certaine maîtrise de la relation à l'autre. Les adultes conservent tous des traces de ces différents moyens de réassurance. La régression anale se retrouve dans leur rapport aux aspects matériels de la vie, notamment l'argent, en étant économe ou dispendieux. Quant à la régression orale, elle se manifeste dans les pertes ou les accès d'appétit en réaction avec le stress. On ne peut plus rien avaler ou on grignote sans arrêt ! Il ne faut pas oublier que ces manifestations ne sont pas spécifiques à l'adolescence, ne sont pas le signe d'une folie naissante, mais sont la traduction indirecte de difficultés intérieures que l'adolescent est en train de vivre.

Un équilibre à apprécier

Ces comportements sont généralement passagers. Deux écueils extrêmes pourraient être évités : le premier consiste à trouver que toute manifestation de ce type est anormale, le second est de l'accompagner d'un silence total, de la banaliser ou de négliger les questions sous-jacentes. L'adolescent a besoin des commentaires de ses parents, de leur appréciation. Il veut savoir ce qu'ils pensent, pourvu que ceci ne lui soit pas signifié de manière violente ou humiliante (*cf. Confrontations*, p. 59), ou encore à travers un jugement péremptoire, un étiquetage qui identifierait les comportements du moment en une manière d'être définitive.

Les balises que l'on peut poser comme des repérages extérieurs – « Attention, tu vas trop loin ! » « Je ne suis pas d'accord ! » – l'aident à se situer. Il en fera d'autant plus son profit qu'il semble les écarter d'un revers de main !

Fascinés par l'actualité, piégés par l'urgence, les parents peuvent facilement oublier la présence du passé. Qu'ils se souviennent qu'eux aussi ont traversé des périodes difficiles et comment ils les ont surmontées (*cf. Générations*, p. 77). Cette démarche peut leur permettre de penser qu'il s'agit d'événements transitoires ordinaires. En étant eux-mêmes plus tranquilles, ils pourront porter sur leur enfant inquiet un regard qui le rassure.

Besoins

« Ce dont j'ai besoin est ce qui me menace. »

Pour devenir adulte, l'enfant se développe sur le plan psychique selon deux principes : il se nourrit des apports de l'environnement, et plus particulièrement de ceux de ses parents ; il est tenu de trouver sa différence et son autonomie. Deux nécessités en fait complémentaires, qui peuvent cependant entrer en contradiction.

Pendant la période dite de latence (entre huit et douze ans, l'« âge de raison »), l'enfant avait acquis un contrôle sur son corps et une certaine maîtrise de lui-même et de son environnement par les différents apprentissages personnels et sociaux. Avec l'arrivée de la puberté, l'adolescent se trouve brusquement aux prises avec une situation complètement nouvelle, qui le précipite en avant sans qu'il puisse la dominer. Tout change : le corps, les sentiments, les émotions, les pensées, jusqu'au regard des adultes qui lui renvoient une image transformée de lui-même. Tout lui échappe sans qu'il y puisse rien. Il se trouve de nouveau dans une situation de dépendance vis-à-vis des adultes, qui maintenant lui paraît insupportable !

L'adolescent est, dans un mouvement naturel, poussé vers l'activité et l'autonomie. Pour franchir ce passage qui le mène à l'âge adulte, il doit puiser dans ses propres ressources. Celles-ci sont constituées de divers savoir-faire et savoir-être, ainsi que des apports qualitatifs qui ont pu les accompagner pendant l'enfance. Selon la qualité des relations dont il aura bénéficié dans le passé, l'adolescent abordera plus ou moins facilement l'inconnu, marquera sa capacité à choisir et à évoluer vers ses propres domaines d'investissement, en sachant y prendre du plaisir.

Des situations de malaise

Pour expérimenter la nouveauté, l'adolescent revendique la liberté. Mais est-il capable de l'assumer ? Pas encore : il a toujours besoin de la présence et de l'affection de ses parents. Il est en attente. Une attente sous pression, contrairement à celle de l'enfance. Il aspire à avoir un métier, à vivre une relation affective, à se réaliser physiquement. Il est conscient de ses potentialités, il pourrait mener une vie d'adulte, alors qu'il n'y est pas psychologiquement et socialement prêt. Les rapports familiaux se sexualisent avec la puberté, c'est-à-dire qu'ils se chargent d'une dimension de gêne et d'un sentiment de proximité physique vite insupportable, auxquels l'adolescent se sent contraint de répondre par une prise de distance exagérée. Les conduites d'opposition deviennent un moyen de rétablir une distance protectrice.

Pour se développer, l'adolescent est obligé de s'éloigner de ses parents. Ce faisant, il perd cet appui ou bien celui-ci devient tellement difficile et conflictuel qu'il ne sait plus l'utiliser. Alors, il va devoir prendre la mesure de ce qu'il peut lui-même réaliser : « Je suis impatient de me débrouiller par moi-même, mais en serai-je capable ? » En effet, aura-t-il été suffisamment nourri ? De relations suffisamment bonnes ?

De cette situation, génératrice d'inquiétude, naît un paradoxe fondamental : plus l'adolescent a besoin de soutien et plus ce dernier est une menace pour son autonomie : « Ce dont j'ai besoin est ce qui me menace », une contradiction d'autant pus difficile à gérer qu'elle est vécue sans pouvoir être clairement pensée. Plus grand est son besoin, moins il le supporte. Plus il se sent démuni de la force nécessaire, plus il se croit dépendant des adultes, et moins il le tolère... De quoi le fragiliser ! L'adolescent est dénudé, mis à vif par cette immense avidité affective qui le rend hypersensible.

Attente et déception

Parfois, l'adolescent n'a pu se constituer une image positive, il est en « creux » à l'intérieur, sans ressources, comme en état de carence. Il ne trouve rien en lui qui le réconforte ou le renforce lorsqu'il se trouve en situation d'insécurité. Il pense alors – inconsciemment – que son estime de lui dépend entièrement du regard extérieur.

Or avoir trop besoin de l'autre fait courir un risque, celui d'être déçu. Personne ne peut apporter en totalité à l'autre l'image valorisante à laquelle il aspire. Et plus la demande est forte, plus l'insatisfaction augmente ! La relation est tendue, très idéalisée ou très mauvaise. Si l'autre le comble (pour un moment), il est adoré ; s'il déçoit, il est à rejeter. La relation se change en « tout ou rien » et le conflit peut survenir à n'importe quel moment. L'adolescence est comparable à l'état amoureux. Plus on attend la rencontre avec l'autre comme un événement extraordinaire, plus la déception risque d'être grande. Que survienne un retard ou tout autre manquement, le plaisir se renverse en un immense déplaisir, proportionnel à l'attente, au point de faire disparaître l'envie. Plus rien ne vaut la peine. En revanche, si la relation est légère, si elle n'est pas sous-tendue par une immense demande, une avidité impossible à satisfaire, elle peut varier d'intensité sans créer de drame, elle apporte le plaisir et la distance s'établit avec souplesse.

Opposition et vulnérabilité

Devant la nécessité de s'affirmer, l'adolescent va porter ses attaques contre ce qui faisait jusque-là l'objet, pour lui, d'un intérêt particulier. Au risque d'attaquer et de rejeter ce qui le relie le plus à ceux dont il se sait dépendant, mais qui est aussi ce à quoi il tient le pus, ce qui le valorise : par exemple, le rejet d'une relation privilégiée avec l'un ou l'autre des parents, l'abandon d'un loisir ou de la réussite scolaire qui le plaçait dans une relation de complicité avec ce même parent. En renonçant à cet investissement, il croit témoigner de son indépendance, mais d'une manière qui le fragilise parce qu'elle le prive d'un lien important et d'un moyen de valorisation ! Pour sortir de cette impasse, il risque d'entrer dans une spirale en s'opposant de plus en plus à ceux qui l'entourent, en renforçant alors la situation d'échec dans laquelle il se trouve et, en fait, sa dépendance.

Les fantômes du passé

Les processus de l'adolescence ne peuvent être évoqués hors du champ des interactions du jeune avec ses parents ou avec les adultes qui en tiennent lieu (*cf. Générations*, p. 77).

De même que cette période ne peut s'envisager, pour les jeunes, qu'en un prolongement de l'enfance, elle est, pour les parents, une manière d'être renvoyés à ce qu'ils ont vécu avec leurs propres parents. Les « fantômes », qui sont les réactivations par le souvenir des liens avec leur propre enfance et leurs propres parents, modifient l'image de la réalité. Ce retour en arrière brouille la relation directe avec le jeune. S'établit un jeu entre présent et passé, réalité et projection, qui parfois se grippe. Il serait bon alors d'introduire un peu d'espace pour desserrer le lien et éviter que ne se figent des comportements en cascade, qui se renforcent les uns les autres et mettent en cause les potentialités du jeune.

La rencontre avec des tiers, professionnels divers dont il est question à la fin de cet ouvrage, aidera à dénouer ce paradoxe en dissociant le lien entre les personnes et les intérêts propres de l'adolescent.

Prendre ses distances

Besoin d'attachement, besoin d'autonomie

Tout pourrait être simple : l'adolescent gagnerait peu à peu son autonomie en grandissant, il aurait envie de nouveauté, d'aller vers ce qu'il ressent comme un besoin. D'ailleurs, ses parents y seraient prêts, veilleraient à sa sécurité tout en le laissant prendre des initiatives. Les évolutions s'accompliraient sans heurts.

De nombreux exemples de la vie quotidienne le prouvent : le dialogue s'établit, l'accord à propos d'une sortie ou de toute autre décision se négocie sans dommage. On s'explique calmement, on constate parfois qu'il/elle sait y faire, il/elle est charmant(e), met la table, rend service et glisse son désir de sortir, l'air de rien. Tout se passe bien. Le lendemain, c'est le « drame ». Pourquoi ?

Notre propos est ici de reconnaître la trame qui tisse les relations entre parents et adolescents, afin de pouvoir réfléchir et se positionner différemment. La plupart du temps, cette trame échappe à la conscience claire de chacun des protagonistes, disparaît, pour resurgir brusquement à travers des faits ordinaires.

Au cœur des ambiguïtés

Sorties, travail scolaire, activités diverses pourraient être considérés comme des manières de tester ce qui se passe avec ses parents lorsqu'à l'adolescence on manifeste son indépendance. L'adolescence est une période de travail intensif, faite d'essais, d'erreurs, d'avancées, de renoncements, de conquêtes, comme toute aventure humaine. Dans cette démarche, l'adolescent (et ses parents) est au cœur de plusieurs contradictions et ambiguïtés.

L'adolescent a besoin de ses parents, et il doit s'en éloigner. D'une part, il est encore dépendant d'eux matériellement et affectivement, et, d'autre part, il ressent, du fait même des transformations de la puberté, la nécessité de les quitter pour pouvoir devenir adulte et s'accomplir.

L'enfant, en grandissant, se voit en mesure de maîtriser progressivement son environnement. En effet, il accomplit de plus en plus de choses tout seul, exerce son esprit et son corps qui se développent avec harmonie. Brutalement, tout ceci explose, se transforme démesurément, est habité d'énergies inconnues, difficiles à contenir. Sans qu'on y puisse rien, sans qu'on sache ce qu'il va en advenir.

L'adolescent peut ressentir les transformations pubertaires comme imposées de l'extérieur, et dans ce sens les vivre avec une certaine passivité – même s'il tente par des réponses actives de reprendre en main la situation. Cette dépendance dont il pensait être sorti lui semble infantile, un véritable retour en arrière.

Son corps le trahit, trop grand, trop maigre, trop gros. Il attire l'attention des adultes, il n'est plus neutre, il provoque des réactions, des commentaires, des regards. Sa peau ne le protège plus, elle l'expose, rougit pour un rien. Chez lui, l'atmosphère familiale change, s'alourdit. Le contact devient difficile. Avec la puberté, il devient homme, elle devient femme, et les parents, dans le regard de l'adolescent, sont maintenant des être sexués. Impossible de grimper sur leurs genoux, on se touche à peine. Il se crée un effet de « rapproché », de malaise à se trouver trop près, tant sur le plan physique que psychique. Trahison du corps qui, tout à coup, ne constitue plus l'enveloppe protectrice de l'enfance. La gêne, la rougeur s'installent, l'impression que tout ce qui vient des adultes pose problème.

La proximité représente alors un danger, il faut s'éloigner : plus de grasse matinée dans le lit des parents, plus de câlins, plus d'entrée intempestive dans la salle de bains. Chacun se regarde un peu en chiens de faïence, les parents n'osent plus dire un mot, ni dans un sens ni dans l'autre, de peur de se faire rabrouer. Le jeune ressent le désir de fuir, de s'enfermer dans sa chambre, de retrouver un espace. Il lui faut être loin de la présence physique de ses parents. Il a pourtant besoin de contact, mais il le trouvera plus facilement auprès de tiers moins impliqués : le groupe, une copine, les amis des parents, les grands-parents...

Une manière de se protéger

Dans cette perspective, toutes les formes de conflits seront autant de barrages entre soi et ses parents. C'est une manière pour le jeune de poser des bornes. L'absence de limite serait effrayante. Dans la fusion, on ne sait plus qui on est, on se perd ! Ainsi la colère et le conflit protégeraient dans une certaine mesure l'adolescent. À condition qu'ils ne deviennent pas un système et ne soient pas utilisés entre parents et adolescents pour recréer une proximité au moyen d'un harcèlement permanent, empêchant une nouvelle fois la distance de s'établir. Ce paradoxe, désir d'autonomie et besoin d'attachement, vient de ce que le jeune n'est pas effectivement prêt à partir. Il n'a encore ni la maturité ni les moyens effectifs de s'assumer. C'est une question de temps.

L'opposition systématique comme la plainte répétée, l'anxiété (« Je ne vais pas bien », « J'ai mal ici ou là... ») représentent un mécanisme qui entretient l'ambiguïté. Un lien se rétablit, car les parents aussitôt surenchérissent, sollicités à nouveau dans le registre de l'enfance, de la protection. C'est l'engrenage.

Ça suffit maintenant !

Dans les deux cas, pour les parents, c'est de la limite qu'il s'agit. Savoir ce que l'on accepte et ce que l'on défend, savoir dire « Ça suffit maintenant ! », refuser d'entretenir le système et savoir trancher.

On peut se mettre en colère. La colère a un effet de redistribution de l'espace. Pour un moment, elle permet à l'agressivité de se décharger et aux différences de s'exprimer.

Plus la relation entre le parent et l'adolescent est insatisfaisante, plus il est difficile pour eux de se séparer. On a peur de perdre l'autre en partant, puisqu'on se quitte mal. Alors on reste, mais on souffre. Et des deux côtés, parents et enfants, l'insatisfaction monte avec l'angoisse. L'adolescent a l'impression qu'il est mauvais et qu'il risque de perdre ses parents ; quant à eux, ils craignent qu'en dehors de leur surveillance des drames surgissent. Les inquiétudes sont contagieuses et se renforcent mutuellement. Comment sortir de ce cercle vicieux ?

Les tiers sont un recours pour sortir de l'insatisfaction réciproque. Le tiers médiateur libère un peu de l'engrenage, permet de s'éloigner. Selon le cas, différents professionnels peuvent jouer ce rôle.

Le risque nécessaire

Il existe, à propos des adolescents, un questionnement sur le risque. En ont-ils besoin pour s'éprouver, sont-ils suffisamment matures pour affronter des situations nouvelles ? Convient-il d'exercer une surveillance de tous les instants ?

Certains parents auraient pour leurs enfants des exigences trop grandes, génératrices de catastrophes. D'autres laisseraient prendre des risques excessifs que le jeune s'engagerait à assumer, un peu par provocation ; d'autres enfin, dans une attitude de protection abusive, n'en finiraient plus de contrôler. Bien souvent, le parent n'agit pas vraiment en fonction du fait objectif, mais de sa propre subjectivité, de son anxiété, de son passé.

Le risque en lui-même est toujours difficile à évaluer et il n'existe pas de recette. En revanche, on peut réfléchir sur le climat dans lequel s'accomplit la prise de risque et modifier celui-ci.

La confiance et sa limite

Les enfants sont pris dans une double nécessité : aller de l'avant, expérimenter des choses nouvelles, et sentir que l'on veille sur eux. S'ils dépendant encore bien souvent de leurs parents, il leur est difficile de le reconnaître. Ils peuvent, par bravade, vouloir donner le sentiment qu'ils sont autonomes, qu'ils peuvent prendre les décisions qui les concernent. En réalité, ils ne disposent pas de tous les éléments de jugement, tout au moins pas autant que les adultes.

Si les conditions normales de sécurité sont remplies, le parent peut assumer la part d'aléas inhérente à l'action, mais dans un climat particulier : la confiance et la limite à la confiance.

Il s'agit de pouvoir reconnaître les capacités du jeune, mais aussi ses manques. Il n'est pas sans danger de se dire : « Après

LES PARENTS TOUJOURS

Durant cette période d'intégration sociale qu'est l'adolescence, les parents ne perdent pas leur importance. Même si à cet âge le groupe de pairs va prendre toute son ampleur, les parents continuent à jouer un rôle central.

Que disent les jeunes de leurs parents ? D'abord, qu'ils sont globalement satisfaits de leurs relations avec eux et qu'ils trouvent réconfort auprès d'eux. Ensuite, que les relations avec leur mère sont plus satisfaisantes que les relations avec leur père. Enfin que ces relations se dégradent rapidement, à partir de quatorze ans, surtout pour les filles. Ce qui manque surtout aux plus âgés, c'est le soutien moral et le réconfort de la part de leurs parents...

La relation des jeunes avec leurs parents en 2003

Par âge et sexe (en %)

Sexe	Garçons				Filles			
Âge	< 13	14-15	16-17	18	< 13	14-15	16-17	18
	%	%	%	%	%	%	%	%
Satisfaits des relations avec leur mère	92	87	83	80	83	80	74	74
Satisfaits des relations avec leur père	88	80	73	71	83	71	63	62
Réconfort des parents	82	72	61	55	80	66	58	58
Soutien moral des parents	83	76	69	66	80	70	61	62

Source : Espad 2003, Inserm (Choquet, Hassler, Morin) & OFDT (Beck, Legleye et Spilka), en collaboration avec le ministère de l'Éducation nationale.

tout, c'est son destin, et il arrivera ce qu'il arrivera. » Il s'agit alors d'une démarche conjuratoire, plus que d'un processus éducatif ! Poser la limite, c'est être capable de dire non, d'affronter la colère ou la déception du jeune.

Sans perdre la face

L'interdiction du parent viendra soulager le jeune si celui-ci ne se sent pas prêt à prendre le risque. Il peut s'abriter derrière elle, sans pour autant s'exposer à passer pour un lâche auprès des autres ou à ses propres yeux. D'ailleurs, personne ne pourra, s'il en a envie, l'empêcher de franchir la limite, de transgresser l'interdiction. Nous en avons tous fait l'expérience.

Il est important qu'un climat soit créé, où l'adolescent puisse sentir lui-même ce qu'il est en mesure de faire, à son propre rythme. Qu'il ne soit ni poussé ni bloqué par le parent qui n'agirait pas au nom de l'adolescent mais en fonction de ses propres inquiétudes : un parent doutant de ses capacités peut utiliser le jeune par l'intermédiaire de la mission ambiguë de combler le vide qui l'habite.

Certains adultes refusent l'éventualité d'un conflit. Cette peur témoigne d'une difficulté qui renvoie le parent à son passé, à sa relation avec ses propres parents, et vraisemblablement à un conflit non résolu. Dans ce cas, la relation avec l'adolescent est parasitée par ce « fantôme », comme une ombre qui brouille la vision. Une gêne confuse se fait sentir ; l'adolescent perçoit, sans pouvoir le dire clairement, qu'il n'est pas traité comme un sujet à part entière, mais se trouve être l'enjeu d'un lien qui le dépasse. Il se sent dévalorisé, car il constate que, entre lui et son parent, la rencontre ne se produit pas.

Les champs d'intérêt

Intéressé par tout, intéressé par rien ! Il n'est pas rare que les adolescents se situent dans ces deux extrêmes, qui se traduisent par des changements incessants d'investissement : aujourd'hui le judo, demain la batterie ; se passionner pour une matière scolaire ou tout rejeter en bloc ; ou au contraire traîner un ennui permanent, malgré les tentatives de stimulation de l'entourage.

PLAISIR DU RISQUE

La vitesse, le bruit de la moto, la communion avec la nature dans l'alpinisme, le vol en delta-plane... La prise de risque s'accompagne de plaisir, elle comporte des aspects positifs et une utilité : un rôle de stimulation, une aide à l'autonomie et à la constitution d'une meilleure image de soi.

La prise de risque brise la routine et redonne de la vie ! La perspective du plaisir, notamment sensoriel, est plus immédiatement perceptible que d'éventuelles conséquences négatives. L'attrait de l'inconnu pousse à méconnaître le danger. Surmonter une situation dangereuse renforce l'estime de soi, permet de s'identifier éventuellement à un « héros » et, par ce biais, d'obtenir l'approbation d'un groupe. C'est une manière d'être accepté au sein d'une « bande », au besoin au prix d'une pression exercée par elle à l'occasion de rites initiatiques. Le défi des pairs est une forme de jeu social succédant aux jeux de l'enfance. Toute politique de prévention des accidents qui ne prendrait pas en compte cet aspect serait vouée à l'échec.

À travers ces excès, la vulnérabilité de l'adolescent et sa dépendance à l'égard de l'extérieur sont signifiées. Un adolescent qui ne s'intéresse à rien est sans doute un adolescent qui ne se sent pas intéressant. Il nous renvoie l'image de lui-même, comme dans un miroir.

Le jeune qui s'intéresse à tout, dans le sens où celui-ci ne réussit pas à avoir un investissement continu, varie, telle une girouette, d'une activité à l'autre, abandonne aujourd'hui ce qui le passionnait hier, manifeste une difficulté identique au cas précédent. Il risque d'entretenir un mécontentement grandissant contre lui-même, celui de vivre des échecs successifs et d'être conduit peu à peu à se sentir profondément dévalorisé.

L'intérêt que porte l'adolescent à telle ou telle activité ou matière scolaire, intellectuelle ou sportive est indissociable de la relation qui s'établit à ce propos avec le parent, comme, lorsqu'il était enfant, dans ses premiers apprentissages et ses premiers plaisirs.

Si l'adolescent « lâche » telle activité, s'il « plonge » avec de mauvais résultats scolaires, sans doute convient-il de ne pas se fixer sur l'abandon ou l'échec, mais de regarder dans quel climat relationnel cela survient. Pour comprendre la difficulté de l'adolescent, les adultes doivent accepter de regarder en eux-mêmes.

La difficulté peut venir de deux positions contraires : l'adolescent sent que l'intérêt en question ne le concerne pas tant lui-même qu'un souvenir ou un désir lointain qui habite le parent. Il vit par procuration ce que le parent aurait tant voulu réaliser à son âge. Cet intérêt n'est pas le sien. Il lui est étranger et il l'abandonne.

Il est possible aussi qu'un plaisir partagé pleinement avec le parent le place, avec lui, dans une relation privilégiée. Cette situation risque d'entraîner une trop grande proximité, un effet de « rapproché » rapidement intolérable et qui conduit l'adolescent à mettre cette activité en échec, ou encore à en changer sans arrêt, ce qui revient au même. Une troisième raison justifiant une position d'échec peut se trouver dans la peur de l'adolescent de se développer, tel un vampire, au détriment de son parent.

D'une manière générale, les enfants ont l'impression qu'ils enlèvent à leurs parents ce qu'ils gagnent pour eux-mêmes. C'est un fantasme que formulent très bien les jeunes enfants : « Quand je serai grand, toi tu seras petit ! » *A fortiori*, si le parent est par exemple dans une période dépressive, l'adolescent peut craindre de le détruire en faisant preuve d'une trop grande vitalité. L'adolescence est une période de « mise en actes » : si soudain cette crainte se réalisait ? Une crainte renforcée parfois par des parents qui s'exclament : « Tu me tueras ! » soutenus par l'énervement ou l'inquiétude. Qu'adviendrait-il si la violence de son appétit mettait effectivement en danger ses parents ?

Le jeune a besoin d'un investissement qu'il réalise pour lui-même, soutenu par un adulte qui ne tient pas une place essentielle dans le choix en question. Non que le parent ait à se montrer indifférent, au contraire, mais un certain travail de réflexion de sa part éviterait d'utiliser l'adolescent avant tout comme son porte-parole.

À partir du moment où l'adulte ne s'implique pas à la place du jeune, que le changement d'activité ne met pas en cause la relation, des écarts, des modifications sont possibles.

Si le parent accepte une marge de jeu, un espace se crée, et la relation n'est plus contrainte.

La souplesse peut également venir des médiations. Les copains, les autres membres de la famille introduisent une distance qui rend l'intérêt tolérable, moins brûlant que dans la relation avec le parent, sans laisser pour autant le jeune seul, dans une sensation de vide et d'abandon.

Jardin secret

Un équilibre est à trouver, car l'adolescent a besoin de rester un centre d'intérêt pour ses parents, mais il a droit aussi à ses zones de secret. Comme pour chacun d'entre nous, un espace privé lui est nécessaire, où lui soit reconnu le droit à des moments de solitude ou de cafard, où il puisse détenir son courrier ou son journal intime. C'est une preuve de confiance de le laisser gérer librement son espace personnel.

Mais la confiance ne se décrète pas. Il ne suffit pas de la nommer : « Je te fais confiance. » Encore faut-il éprouver véritablement ce sentiment ; et, à cet égard, le jeune ne se trompe pas.

La confiance ne s'établit pas objectivement à partir de l'attitude du jeune qui la mériterait ou non. Elle se joue dans une relation et dans les effets de résonance avec les souvenirs ou les difficultés des parents. Comme si le comportement de l'adolescent réactivait pour le père et la mère des émotions, des peurs qu'ils croyaient enfouies.

La relation passée du parent avec ses propres parents vient gêner la réponse présente. En s'en libérant eux-mêmes, en remettant les choses à leur juste place, en restituant au jeune ce qui lui appartient, sans confusion avec leur propre histoire, ils pourront répondre de façon plus ouverte et plus neutre. Il faut éviter la fermeture du système, desserrer un peu les rouages.

Le parent, garant de la limite

Chaque éducation comporte ses limites, ses risques et ses idéalisations. Il n'existe pas d'éducation « idéale », « bonne » ou « mauvaise », car elle n'est pas identifiée au bien et au mal. Parlons plutôt d'une dynamique qui rendrait possible une évolution, sans que les parents perdent leurs repères et renoncent à leur rôle. Ils sont les gardiens d'une certaine limite, à l'intérieur de laquelle les adolescents pourront créer un espace d'autonomie. Les deux positions doivent être à même de coexister dans la différence des générations, sans que les uns et les autres soient obligés de capituler. L'autorité trop forte ou le suivisme, c'est-à-dire la situation où les parents n'offrent plus de résistance jusqu'à se confondre avec l'adolescent, sont deux attitudes qui empêchent, par des voies assez semblables, l'autonomisation. Il est possible de créer un cadre, dans lequel on laisse l'adolescent gérer son espace propre en lui donnant une marge de manœuvre qui lui conférera son originalité.

Trouver la liberté intérieure

Dans cet espace éducatif souple et maintenu, l'adolescent peut, sans provocation et sans risques excessifs, devenir lui-même, se distinguer de ses parents. Quelle liberté intérieure si cette possibilité lui est reconnue !

À l'inverse, l'intolérance du milieu familial à la différence constituera une attitude aliénante, susceptible de bloquer son évolution.

Dans cette conquête de la liberté, la nature de la relation entre les parents sera déterminante. S'ils se sentent complémentaires, c'est-à-dire si chacun accepte de ne pas détenir tout dans le couple, si chacun reconnaît ses limites – ni miroir ni double –, l'adolescent est invité à devenir à son tour lui-même. La différence est alors non seulement tolérée, mais aussi ressentie comme normale, enrichissante.

Le but de la démarche éducative est d'éviter un certain nombre de risques, d'être capable de se réajuster et de varier soi-même en fonction des besoins de l'adolescent, sans pour autant se confondre avec lui.

S'identifier

L'enfant se nourrit de ses deux parents. Il existe du masculin et du féminin en chacun, aussi bien sur le plan psychologique qu'hormonal. Tel aspect va être conservé, tel autre rejeté en fonction aussi de la dimension de plaisir et de déplaisir qui accompagne la relation. Ce choix inconscient ne relève pas de logiques rationnelles : on peut s'identifier à ce qu'on a perdu, ce qui est une façon de le garder ; comme après un deuil, lorsqu'on se met à ressembler à la personne qui a disparu. On peut aussi s'identifier à ce qui a fait souffrir : c'est une façon d'agir activement ce qui a été vécu passivement.

Nous avons évoqué le bénéfice que peut tirer l'enfant de parents qui reconnaissent leurs différences comme positives. La richesse de l'enfant est liée à la reconnaissance de la complémentarité de ses parents. Si les différences sont objet de conflit ou de mépris, l'enfant est conduit à rejeter un des éléments au profit de l'autre, du fait de la bataille qui se reproduit à l'intérieur de lui-même.

S'il se construit dans la diversité, sans que celle-ci menace son unité, il peut faire appel, pour se développer, à une palette de possibilités. Il digère alors ce qu'il a reçu lors de l'adolescence et puise dans ses ressources personnelles quand le besoin s'en fait sentir. C'est au moment de quitter ses parents qu'il s'interroge sur ses acquis : « Qu'est-ce qui est à moi ? » « Qu'est-ce que j'ai dans le ventre ? » De la réponse à ces questions dépend une partie de l'attitude de l'adolescent. S'il se sent en sécurité, il peut se développer de manière harmonieuse et originale ; mais s'il se sent obligé de rejeter certains aspects de lui-même, impossibles à digérer parce que trop difficiles ou conflictuels, ces derniers resteront en lui comme un corps étranger. Voilà comment se constituent les « fantômes », ces souvenirs ou regrets du passé qui encombrent la tête et viennent gêner plus tard la vie relationnelle.

Le corps, reflet de la relation avec le parent

Imaginons une jeune fille de quinze ans qui déteste ce qui peut représenter en elle la féminité : vêtements, coiffure. Son attitude générale témoigne de ce rejet. Ce qui s'est joué dans l'enfance avec ses parents la met dans l'impossibilité d'accepter ces deux aspects d'elle-même, masculin et féminin, comme une richesse. Adolescente, elle s'oblige à refuser sa féminité, elle pense que celle-ci ne lui appartient pas, qu'elle n'en a pas besoin, qu'elle vivra sans ; ce choix l'ampute d'une partie de ses potentialités et aura des conséquences dans ses relations amicales, ses choix amoureux, ses investissements divers.

La relation entretenue avec le corps est en général le reflet de la relation avec les parents. Quelle attitude pourront-ils alors adopter pour aider leur fille (on aurait pu prendre l'exemple d'un garçon déniant sa masculinité) ? Tout d'abord ne pas dramatiser, lui montrer que les aspects masculin et féminin sont compatibles, qu'elle n'a pas à développer l'un au détriment de l'autre. Mais comment lui signifier cela ? Certainement pas en le lui disant directement ! Imaginons le discours de la mère : « Ma fille, je veux que tu sois plus féminine » ; ou du père : « Tu me plais mieux en jupe. » Toutes les chances sont alors réunies pour que la jeune fille trouve les deux discours irrecevables. Elle risque de ressentir la parole de la mère comme : « Tu veux que je devienne exactement comme toi », et de vivre l'exigence de son père comme le désir d'être trop près, désir tout à fait intolérable.

RISQUE SPORTIF

Le risque sportif séduit les adolescents. En premier lieu, il est autorisé : le sport reste une des rares voies où la violence peut s'exprimer avec l'accord de la société. Si celle-ci montre en effet une très faible tolérance vis-à-vis de la violence ordinaire, elle favorise en revanche le culte de l'exploit, par le biais du système commercial et publicitaire.

En second lieu, le risque sportif permet à certains traits caractéristiques de l'adolescence de s'exprimer : l'absence de calcul, comme en témoignent ces décès d'adolescents cherchant à sauver des camarades lors de noyades ; l'impatience, manifestée par ces traumatismes sportifs survenant sur des lésions antérieures après un arrêt insuffisant, l'adolescent reprenant trop précocement l'entraînement et la compétition.

Dans plusieurs études épidémiologiques récentes, menées dans des pays industrialisés, le sport représente la première cause d'accident chez les « teen-agers » (13-19 ans), soit 25 % de l'ensemble des accidents. Les accidents de sport extra-scolaires étaient traditionnellement deux fois plus fréquents chez les garçons, ceux d'éducation physique scolaire de fréquence identique chez les deux sexes, ceci traduisant bien le fait que, à exposition identique au risque (même activité pendant la même durée), filles et garçons ont la même fréquence d'accidents.

La situation a évolué et l'enquête « Santé et population » menée par la Drees en 2000 révèle une surmorbidité accidentelle féminine par accidents scolaires et de sport chez les 10-19 ans. En l'absence, dans cette enquête, de données sur l'exposition au risque, on reste sans certitudes quant aux hypothèses explicatives et quant à la possible existence d'une adoption par les filles de comportements à risques masculins.

En réalité, l'attitude du père et de la mère l'un vis-à-vis de l'autre (quelle place occupe la féminité dans leurs rapports : est-elle reconnue, valorisée, ou au contraire objet de mépris ?) sera beaucoup plus déterminante ; bien plus que l'injonction que chacun, dans une sollicitation trop directe, pourrait signifier à la jeune fille.

S'identifier n'est pas imiter

Un aliment doit, pour nous profiter et devenir notre chair, être digéré ; à l'identique, les acquis, parce qu'ils sont liés aux échanges avec l'entourage, doivent subir une transformation. Il n'existe pas de mutation sans destruction partielle. C'est pourquoi, dans la démarche d'identification, il peut être aussi question d'appropriation, de captation et d'agressivité. Il faut prendre et détruire en partie pour transformer et créer. C'est un véritable travail.

Certains enfants ont peur de leur agressivité, ils la refusent dans la crainte de ne plus pouvoir la contrôler. Ils préfèrent se situer dans une attitude de mimétisme de l'adulte qui ne met pas ce dernier en péril. En fait, ces comportements ne leur appartiennent pas ; ils sont une reproduction de l'autre, un modèle réduit, une espèce de double. Bien souvent, à l'adolescence, ce modèle éclate, face à la nécessité de s'autonomiser. Et, à ce moment-là, au lieu de trouver des ressources intérieures, l'adolescent s'aperçoit qu'il ne possède rien. Le modèle a disparu, lui laissant un profond sentiment d'insécurité.

Se montrer authentique

Le parent trouvera-t-il la capacité de supporter l'agressivité de l'adolescent et les écarts qui se manifesteront entre ce que lui-même avait projeté pour son enfant et ce qu'il adviendra ?

Il existe en effet plusieurs chemins vers l'identification. Certes, les parents sont contents s'ils se retrouvent dans la manière dont leur enfant évolue, et si le jeune réalise ce qu'ils avaient souhaité pour lui. À l'inverse, ils peuvent resentir une grande déception face à un échec ou à un changement de cap. La sélection scolaire, les difficultés d'insertion sociale et professionnelle actuelles renforcent ce risque.

Comment réagir ? Entre des parents qui s'interdiraient de manifester leur regret – « Ce n'est pas grave, finalement les études n'ont aucune importance » –, en idéalisant ou en masquant la vérité, et des parents tellement déprimés qu'ils donneraient le sentiment que rien ne vaut plus vraiment la peine, on retiendra une position intermédiaire.

Quelquefois, il vaut mieux se montrer atteint, déprimé, mais authentique, pour pouvoir partager la dépression et la surmonter avec l'enfant. Cette remontée du parent se fera au prix d'un travail personnel qui passera par des prises de conscience, concernant par exemple le lien qui s'est établi avec sa propre adolescence.

Rien n'est figé, il n'existe pas de fatalité, mais des étapes qui sont peut-être indispensables. Des moments en tout cas où l'on ne peut pas faire l'économie de l'authenticité.

Prendre du plaisir

Prendre du plaisir est un besoin fondamental chez l'homme. Mais, contrairement à ce que l'on pourrait penser, il n'est pas forcément facile à réaliser pour l'adolescent. Certains comportements nous étonnent : l'un se cachera pour fumer une cigarette alors qu'aucune interdiction ne vient l'en empêcher ; un autre sera déprimé alors même qu'il s'est particulièrement bien amusé la veille avec ses copains ; pour tel autre, enfin, toute joie se transformera en drame et en provocation.

Ainsi le plaisir ne serait pas si simple. Au-delà de la satisfaction immédiate, il renvoie d'une part à des aspects profonds de la personnalité, et témoigne d'autre part de la capacité à vivre dans une certaine solitude, à vivre pour soi. Il est donc en lien direct avec l'autonomisation du jeune.

De la pulsion aux attentes profondes

Certains plaisir sont élémentaires, comme ceux qui sont liés au besoin de manger ou de dormir ; d'autres sont plus complexes lorsqu'ils impliquent la relation avec l'autre ; d'autres enfin sont des plaisirs liés à des attentes profondes, comme de répondre à un idéal ou de se réaliser en conformité avec les souhaits des parents : c'est la satisfaction du devoir accompli, le sentiment d'être aimable et aimé, la valorisation tirée de la réalisation d'un certain nombre de tâches.

Tout cela relève du plaisir de la réussite, de la performance, du respect de l'idéal et de l'autorité supérieure, celle des parents, par exemple. En témoigne l'effet libérateur des fêtes qui suivent les examens. Double plaisir d'être aimable aux yeux des figures de référence, comme le sont les parents ou les professeurs, et satisfaction de se réaliser soi-même.

Il ne faut pas croire que le plaisir se résume à la satisfaction immédiate de la pulsion. S'il se réduit à cela, il est souvent suivi d'un mouvement de trouble. Le plaisir dure s'il est en correspondance avec des attentes qui structurent la personne, s'il s'inscrit dans la vie intérieure. En effet, si le plaisir se limite à la pulsion, s'il n'est pas relié à la personnalité profonde, alors sa satisfaction conduit à une perte pour celui qui l'éprouve. Après, il ne lui reste plus rien !

Ce qui oblige certains à une course sans fin, à la recherche d'un plaisir de plus en plus frénétique, dont on sent le côté tragique parce qu'il tourne à vide.

Un révélateur de l'autonomie

Pour l'adolescent, le rapport au plaisir fait partie de la problématique de l'autonomisation. En effet, cette capacité de se donner le droit de vivre et d'être heureux est liée à la qualité relationnelle de l'adolescent avec son entourage. Prendre du plaisir en dehors de celui que les parents donnent signifie, dans une certaine mesure, que l'on peut se passer d'eux et de leur autorité. Au risque de se retrouver seul. Le plaisir est donc paradoxalement associé à l'idée d'une perte de la protection des liens antérieurs et renvoie à la confrontation avec la solitude. C'est pourquoi il est souvent suivi d'un petit mouvement dépressif, d'une inquiétude.

Pour certains adolescents peu sécurisés, le plaisir peut donc être très difficile à vivre. Afin de retrouver le lien, les adolescents adoptent alors des comportements provocants. Les « bêtises » leur donnent l'occasion d'entrer en conflit avec leurs parents et ainsi de rétablir la relation.

Des plaisirs destructeurs

Le plaisir amène à prendre conscience de la force de ses appétits. Mais, pour l'adolescent qui a une difficulté à s'autonomiser, le plaisir est perçu comme impossible à vivre sans être volé à quelqu'un d'autre. Et en particulier à ses parents. Comme s'il n'y avait pas de place pour deux plaisirs. Alors l'adolescent ne peut s'accorder qu'un plaisir en cachette, un plaisir dérobé aux parents.

Ainsi, le plaisir peut être ressenti comme destructeur pour l'individu s'il donne le sentiment d'être destructeur dans sa relation avec l'autre. L'anéantissement d'une partie de soi-même serait le prix du plaisir. On en trouve l'illustration dans les maladies de la nutrition, anorexie ou boulimie (*cf. Maladies*, p. 147).

Le plaisir met en cause la relation imaginaire que l'on noue avec son entourage. Car il n'existe pas de plaisir véritablement solitaire. C'est une expérience qui confronte à la solitude, mais qui en même temps interroge sur la qualité des liens avec ses proches. Plus la relation est faite de tension et d'agressivité sous-jacentes, d'anxiété, plus le plaisir est vécu comme meurtrier. Dans la recherche de liens de confiance et de plaisir partagés, on permettra à l'adolescent de vivre ses plaisirs propres

• • • • Contrepoints

La voix au téléphone se faisait pressante : « Maman, je voudrais te parler, j'ai plein de choses à te dire. À quelle heure tu rentres ? » Elle a écourté sa journée de travail. À son arrivée, personne. Deux heures plus tard, le bruit du vélo sur les cailloux.
« Alors, tu voulais me dire quoi ?
— J'sais même plus. »

« Au dernier moment, impossible de la décider, excusez-la, elle était pourtant contente de venir, je vous assure. » L'oncle et la tante sont un peu contrits, mais tout le monde le sait : « C'est l'âge. » Il n'empêche, la journée et le retour ont paru interminables aux parents. Le matin même, à l'instant du départ, l'air buté de l'adolescente. « Mais qu'est-ce que tu vas faire ? » avait questionné le père.

Il/elle cite les copains : « Ils ont tous une chambre en ville. » Rien ne pourrait lui faire plus plaisir, c'est devenu brusquement une nécessité. Presque une question de survie, a-t-il (elle) affirmé.

sans inquiétude. Cette capacité est reliée à la qualité de relation que le jeune enfant aura pu développer avec son entourage. Le plaisir qu'il en aura tiré lui aura permis de développer une aptitude à imaginer et à rêver. Plus tard, au moment de l'adolescence, dans le souvenir de cette relation, il saura se détacher des contraintes liées aux personnes, sans pour autant se sentir isolé ou abandonné.

L'expérience solitaire

La masturbation est une expérience par définition solitaire ; elle renvoie à l'espace intérieur et privé de l'adolescent, au sein duquel les figures paternelle et maternelle restent cependant essentielles. Elle ne fait pas disparaître les références intérieures et en particulier les figures parentales. Par rapport à celles-ci, l'adolescent peut avoir le sentiment de s'emparer d'une activité et d'un plaisir réservés aux parents. Comme Prométhée volant le feu, il en tire gloire mais aussi un sentiment de culpabilité et de crainte. La masturbation confronte l'adolescent à des interdits profonds, qui vont bien au-delà du discours manifeste déculpabilisant.

Les attitudes éducatives concernant la masturbation ont changé, passant d'une approche répressive à un comportement plus tolérant. Transformer la masturbation en un fait ordinaire pourrait donner à l'adolescent le sentiment d'une extrême solitude, d'une absence de sens à la vie. Le sentiment de culpabilité ou de lutte entre l'envie de faire et celle de ne pas faire est une façon de conserver des liens avec les idéaux et les personnages parentaux qui les soutiennent. D'une certaine façon, la culpabilité est un lien entre soi et l'autre. Si la masturbation n'est réduite qu'à une mécanique vide de sens, cela signifie que le plaisir ne relie pas aux autres. Et, au lieu d'être soulagé, l'adolescent est renvoyé à sa solitude, d'où un sentiment de vide et de détresse qui peut, dans certains cas, déclencher des attitudes dépressives. Sans que l'on puisse dire que la masturbation, en tant que telle, en soit la cause première. Elle est un révélateur.

Un climat de confiance

Chaque adolescent est unique. Il n'existe donc pas de recettes toutes faites qui nous permettraient de lui indiquer comment vivre les expériences de sexualité. Des consignes sur la manière de « devenir un homme » (ou « une femme ») ne pourraient être que traumatisantes. En revanche, les adultes sont les artisans du climat créé autour des enfants. Travailler à établir un climat de confiance permettrait aux jeunes d'exprimer ce qu'ils ressentent, dans le respect de leur intimité et de leurs différences.

Là encore, il n'existe aucune loi ! Il s'agit d'être le plus près possible du naturel, chacun en correspondance avec sa personnalité, que ce soit en parlant ou en se taisant. L'échange autour de la sexualité ne doit pas devenir pour les parents un dilemme ou une préoccupation excessive. De tous temps, l'adolescent s'est adressé aux copains ou à d'autres adultes plutôt qu'à ses parents. Mieux vaut se taire si l'on ressent des difficultés à parler. Le parent risquerait de mettre l'adolescent dans une situation artificielle, forcée, très déroutante.

Il est peut-être plus important pour le parent de faire le point avec lui-même, de s'interroger sur sa propre sexualité ou sur sa relation avec son corps que d'adopter une attitude composée avec le jeune – une attitude faussement libérale, par exemple. Les parents mal à l'aise avec cette question sont amenés à prendre une contre-attitude par rapport à ce qu'ils ont vécu eux-mêmes : « J'ai été complètement inhibé, donc toi, fais tout ce qu'il te plaît. » Ceci traduit la difficulté du parent,

•••• Contrepoints

Alors là, on a dit non ! Interdiction absolue pour le saut à l'élastique, ni maintenant ni plus tard, jamais.
La mobylette, ça se négocie, on verra. Pas seulement une question de résultats scolaires, c'est qu'il existe des risques, là aussi. Le casque de toute façon. Obligatoire. Si, c'est obligatoire, et les gants pour les gravillons.
Et pourquoi pas les genouillères, en effet.

« Pourquoi onze heures et pas onze heures trente ?
— Parce que je dis onze heures et pas onze heures trente. Tu rentres à onze heures. »
C'est cette demi-heure qui gâche tout. Tout commence à cette heure-là. Tout, quoi ? Tout. alors, disons onze heures vingt. D'accord pour onze heures vingt.

mais n'aide en rien l'adolescent. Il serait pus naturel et plus clair que le parent s'exprime en son nom, en évoquant ses souvenirs et les difficultés qu'il ressentait à cet âge. Une démarche authentique qui aide l'adolescent à s'identifier, à trouver des modèles, des repères, et à relativiser ce qu'il vit.

Il est souvent choquant pour l'adolescent que les parents exhibent trop directement leur vie privée ou sexuelle devant lui. L'effraction dans l'intimité de l'adolescent fait perdre la dimension idéalisée du parent, qui lui était encore nécessaire pour soutenir son estime de lui-même.

Certains adolescents vulnérables refusent tout ce qui est de l'ordre du corps, comme dans l'ascèse, ou au contraire exhibent ce qui le concerne. Ces deux dimensions contraires traduisent la difficulté pour l'adolescent de créer son propre territoire et de vivre ses potentialités sans être immédiatement en danger. L'adolescent qui est obligé de tout dire et de tout montrer signifie par ces attitudes qu'il est mal différencié, qu'il ne se donne pas le droit d'avoir son espace à lui. Inversement, l'adolescent trop fermé sur lui-même témoigne de son peu d'assurance et de sa fragilité.

•••• Je me souviens

Lorsque j'avais seize ans à peu près, j'ai commencé à vouloir sortir le soir. Je garde un souvenir affreux de ces moments de négociation intense qu'il me fallait avoir avec mes parents pour obtenir leur accord. Après un refus catégorique, ils m'opposaient chaque fois la même remarque : « Sortir à onze heures du soir ? Pourquoi n'es-tu pas sortie avant ? »

Chaque samedi j'entrais dans une véritable fureur. Non seulement ils ne comprenaient rien à ce désir de nuit, qui signifiait tant de magie et de liberté pour moi, mais bien sûr ils ne comprenaient pas que, dans les discothèques, on ne peut arriver à six heures.

Le plus douloureux, finalement, était ce que cette incompréhension feinte ou véritable me disait d'eux : ils ont renoncé à tout. Onze heures n'était plus pour eux que l'heure d'un coucher déjà tardif, après une journée de travail, avant une autre.

Laurence, 42 ans

Sans que ces comportements se définissent comme pathologiques, il peut être utile d'agir assez tôt, de savoir consulter en faisant appel à des tiers, dans une présence attentive et vigilante.

Le besoin de s'intégrer

L'évolution naturelle de l'adolescence est de s'intégrer à la société des adultes. C'est un besoin fondamental. Tous les adolescents le savent et ils attendent de pouvoir le faire. Ce souci d'intégration existe même chez ceux qui en paraissent les plus éloignés. La marginalisation n'est pas un choix. Elle témoigne plutôt chez les jeunes de l'intensité de leur envie et de leur attente à l'égard de la société. Et si celle-ci n'y répond pas, ils sont d'autant plus blessés. Déçus, certains cherchent des refuges qui vont leur apporter une pseudo-intégration, en les encadrant dans des rituels comme ceux qui accompagnent les usages de toxiques, ou encore à travers des règles strictes qui ne font pas grandir. C'est l'exemple des groupes parallèles, comme les sectes, organisations caractérisées par une grande rigidité de la discipline, par des exigences rituelles excessives (jusqu'à devenir parfois mortelles).

La première intégration concerne la découverte de l'autre sexe. C'est un chemin qui permet de sortir de son univers pour s'ouvrir à celui de la différence. Cette confrontation à l'autre peut être vécue différemment selon les individus : comme une complémentarité qui fait accéder à ce que l'on n'aura jamais, ou au contraire comme le signe qu'il manquera toujours quelque chose. La manière dont l'adolescent développera l'idée qu'il peut se confronter à quelqu'un de dissemblable, qu'il peut vivre ou non en complémentarité, sera révélatrice et conduira ses futurs choix amoureux. C'est la tâche essentielle de la société que d'offrir des médiateurs pour permettre cette intégration. Il existe des étapes que l'enfant doit franchir, et qui sont des points qui relient. L'école, les copains, les clubs, les groupements divers sont des figures démocratiques de médiation destinées à être utilisées un temps, puis laissées. Elles ouvrent les portes, apportent une aide, permettent de progresser sans emprisonner. À l'inverse, les sectes et les groupes apparentés se présentent comme des solutions totalitaires car, au lieu d'être des étapes sur le chemin que les adolescents ont à trouver par eux-mêmes, elles s'offrent comme des aboutissements. De quelle sécurité interne ont-ils manqué pendant l'enfance pour avoir besoin de s'abandonner si totalement à ces leurres sécurisants ?

On ne peut pas échapper à la démarche d'intégration, ni rester neutre face à elle. Si on ne s'intègre pas, on se replie, on se met « contre ». Il n'existe pas d'alternative. Cette démarche sera facilité par la manière positive dont la différence est vécue au sein de la famille, et d'autant mieux qu'elle sera amorcée assez tôt.

Confrontations

« Devenir autonome sans se retrouver seul. »

L'opposition est un moyen privilégié pour l'adolescent de se situer dans la relation avec les adultes qui l'entourent, et notamment avec ses parents. En testant leur résistance, en s'affirmant « contre », il amorce un mouvement de séparation. À l'aune de la différence avec l'autre, il découvre qui il est. Dans le même temps, l'adolescent s'éloigne de la présence protectrice de ses parents, alors que sa jeunesse fait qu'il en a encore besoin.

Se séparer sans pour autant se retrouver seul, tel est donc le double mouvement que la confrontation permet de réaliser. En s'opposant, l'adolescent s'appuie sur la personne à laquelle il s'affronte, il maintient le lien avec elle.

L'autonomie d'un individu se définit dans sa capacité à reconnaître et à mettre en œuvre son désir, avec le sentiment que ce désir lui appartient en propre. On ne devient soi-même qu'en dehors de l'autre, au prix d'un certain éloignement.

Cette démarche prend très tôt son origine dans la relation entre parents et enfants. Si le milieu familial a su lui proposer, dès l'enfance, un cadre assez précis pour ne pas se perdre et une ouverture assez large pour se différencier, l'adolescent sera en mesure de trouver ses propres limites et de prendre ses distances avec son entourage, sans conflits excessifs. Beaucoup de jeunes se trouvent dans ce cas. Mais, à l'opposé, d'autres n'ont pu exprimer des aspirations différentes de celles de leurs parents sans provoquer des réactions d'intolérance vis-à-vis de l'écart manifesté. Ils n'ont pas eu la possibilité d'exercer progressivement leur autonomie et, de ce fait, sont demeurés très dépendants du milieu familial. Ceux-là ressentent leur volonté et celle de leurs parents si profondément intriquées qu'ils n'arrivent pas à identifier leur désir comme leur appartenant. Pour sortir de la confusion, les voilà obligés, leur semble-t-il, de s'engager dans la voie des comportements provocants.

La confusion des désirs

La recherche permanente du consensus, ou au contraire l'exercice d'une forte contrainte à l'égard de l'adolescent traduisent une même position profonde du parent : ne faire qu'un avec son enfant.

Dans un cas, la trop grande proximité qui conduit le parent à ne jamais poser de limite, à se montrer toujours d'accord, ramène l'adolescent à un sentiment de perte d'identité, d'indifférenciation comme dans la toute première enfance. En arrière-plan et de manière troublante, se profile le risque inconscient de la fusion et de l'inceste.

Dans l'autre cas, la nécessité d'être conforme, de se soumettre à ce qu'on attend de lui – ou à ce qu'il pense qu'on attend de lui – entraîne l'adolescent à « écraser » son désir personnel et ses potentialités, par peur de l'opposition qu'il pressent. Celle-ci ne risquerait-elle pas de lui faire perdre l'amour de ses parents ?

Que ce soit le fait d'un cadre trop rigide ou d'une absence de limite, l'adolescent est empêché d'être lui-même.

Des moyens indirects d'opposition

Pour lutter contre la confusion entre lui et l'autre, l'adolescent risque de s'engager dans des conduites négatives. Au moins pourra-t-il les revendiquer comme lui appartenant en propre ! Il sait que cette fois ces attitudes ne correspondent pas à l'attente de ses parents. Beaucoup de conduites dites « pathologiques » constituent un moyen indirect d'opposition. L'adolescent affirme sa différence, mais malheureusement par une mise en échec de ses compétences. Il se trouve dans la nécessité d'aller chercher la limite dans ce qui est inacceptable pour le parent, au risque de se mettre lui-même en danger.

Les troubles du comportement ne sont pas nécessairement spectaculaires. Le silence, le retrait ou le désintérêt représentent une manière de signer un conflit larvé dont le sujet et l'entourage ne sont pas toujours conscients. Progressivement, l'adolescent restreint ses capacités, se recroqueville sur lui-même. Une attention doit être certainement portée à l'individu trop calme qui en réalité cesse de s'investir dans sa vie personnelle.

Dans des formes plus manifestes, les conduites d'attaques contre le corps, suicidaires ou d'automutilation, obligent le parent à se mobiliser. Force lui est de reconnaître que la relation prend une forme irrecevable. Enfin l'adolescent rencontre une résistance, à condition toutefois que le parent sache refuser l'inacceptable. Si ce dernier se maintient malgré tout dans la recherche du consensus avec l'adolescent, repoussant sans cesse la limite, il risque de se produire une escalade dans la destruction, très angoissante pour l'un et pour l'autre.

La fugue figure de manière exemplaire la nécessité pour l'adolescent de fuir une confrontation directe, en allant chercher sa différence dans un espace totalement extérieur à l'espace familial. Il ne sait pas où ce départ le conduit, mais pour lui l'important est d'échapper à un mode qu'il ressent comme clos. Par une sorte d'effraction, il se retrouve au-dehors. Il existe un lien direct entre la fugue et les autres troubles du comportement, y compris les conduites suicidaires. On sait qu'une fugue a précédé dans un quart des cas une tentative de suicide.

Ainsi, quand malgré lui l'adolescent se sent (inconsciemment) absorbé par le désir de ses parents jusqu'à ne faire plus qu'un avec eux, il cherche à trouver des moyens qui le protégeraient de cette fusion. Or l'alcool, la drogue ou les sectes sont des manifestations parallèles et substitutives qui traduisent la difficulté pour l'adolescent à se différencier de ses parents : il ne peut exister par lui-même, car la collusion entre son désir et celui de son entourage l'anéantit.

Une confrontation tolérable

Toutes ces manifestations présentent un trait commun, celui de l'impossibilité de mettre en jeu une confrontation non dramatique, qui oblige l'adolescent à déplacer le conflit sur un autre plan, parfois au risque de sa vie.

Une confrontation tolérable supposerait que la différence entre soi et l'autre soit ressentie positivement, que cet écart ne soit pas assimilé à un danger potentiel. L'acceptation de la différence, comme passage obligé de la séparation, non immédiatement connotée en « bien » ou en « mal », permet peu à peu à la personnalité de se construire et de se renforcer, sans que l'autre soit menacé de destruction.

Maintenir un lien

Les différents droits et devoirs de la vie quotidienne fournissent à l'adolescent de multiples occasions de partir à la découverte de lui-même et de son environnement. À l'occasion de discussions familiales à propos des sorties, du travail scolaire, des fréquentations, il teste la marge de manœuvre dont il dispose et repère les obstacles qui se dressent devant lui. Lui est-il permis d'exprimer son avis et ses souhaits sans risquer de perdre l'estime de ses parents ? Peut-il tenter de se mesurer à eux ? Les règles éducatives sont-elles clairement exprimées ? Existe-t-il des repères, des interdits, des espaces de liberté ? La négociation est-elle possible ? L'adolescent a besoin de s'appuyer sur des bases qui lui résistent. Les limites et la manière dont elles vont lui être signifiées remplissent cette fonction.

Le jeune est pris entre le besoin exacerbé de marquer sa différence et celui de retrouver la protection de l'enfance qu'il est en train de perdre. Pris entre les désirs d'autonomie et de fusion, l'adolescent est rassuré quand le cadre, défini par les différents principes régulant la vie familiale, est posé. Celui-ci fait contrepoids à la crainte d'être libre et à l'envie de rester enfant. Sur des bases fermes, le jeune peut se lancer, exercer sa force, sentir « ce qu'il a dans le ventre ».

Les règles ne peuvent être fixées une fois pour toutes dans un ensemble qui ne supporterait aucune évolution. Elles trouvent leur légitimité dans le fait qu'elles structurent un espace de négociation, où l'échange et la prise en considération de l'autre « différent » prennent le pas sur le rapport de forces.

La dynamique éducative se trouve dans le rapport entre l'autorité du parent et l'autonomie de l'adolescent. Trop de liberté peut être vécu comme un abandon, trop peu, comme une contrainte insupportable. Comment savoir si la relation est assez forte pour résister à la tension ? En s'opposant, l'adolescent éprouve la solidité du lien qui le relie encore à ses parents et dont il a besoin. Lui qui n'ose partir seul à la recherche de lui-même, se confronter à eux lui garantit présence et attention. L'opposition constitue alors pour l'adolescent une voie idéale de construction de sa personnalité.

Les obstacles à la confrontation

Ainsi la confrontation est-elle constitutive de l'identité du jeune. Dans un espace bien balisé, où les liens antérieurs assurent un climat familial où il est possible de communiquer, et de manière non dramatique, l'évolution peut s'effectuer en souplesse. Ceci suppose que le parent et l'adolescent acceptent l'éventualité d'un écart pouvant surgir entre leurs deux désirs. Pour certains, ce constat est générateur de peur, celle d'être différents au point qu'on ne puisse plus s'aimer, celle de ne plus se reconnaître dans l'autre.

Entre trop près et trop loin

Le jeune a besoin pour devenir adulte d'un espace personnel et d'une certaine quiétude. Il existe donc une distance à respecter, plus ou moins facile à trouver selon les manières d'être. Par exemple, dans le souci de ne pas s'éloigner de son enfant, le parent tendra à manifester qu'il est toujours d'accord avec lui, quelle que soit sa demande ou sa façon d'agir. Aucun conflit ne pourra surgir tant sera forte la recherche du consensus. Dans une attitude opposée, mais traduisant un désir identique, il pourra aussi exercer, à tout propos, son autorité. Dans les deux cas, l'espace personnel de l'adolescent est envahi. Comment celui-ci pourrait-il se distinguer d'un père (ou d'une mère) si bienveillant, ou de celui qui lui impose sa volonté par la force ? Il devra faire preuve d'une résistance supérieure à celle dont il aurait normalement besoin. Le jeune s'engouffre dans des comportements excessifs, pour s'affranchir de l'influence de son entourage.

LES CONDUITES DE RISQUE : UNE TERMINOLOGIE FLOUE

La définition des « conduites de risque » est floue, car les conduites qui « comportent des risques objectifs pour le bien-être physique ou mental de l'individu » peuvent être extrêmement variées selon le niveau et le type de risque que l'entourage (familial et/ou social) accepte. Ainsi, toute conduite peut comporter des risques plus ou moins graves, plus ou moins chroniques, plus ou moins immédiats. On propose donc de ne plus utiliser cette terminologie qui est devenue un vrai « fourre-tout ».

La consommation de substances psychoactives

Suivant la définition de l'OMS, la « drogue » inclut, outre les drogues illicites, les médicaments, l'alcool et le tabac. Toutefois en France, dans le langage commun, le terme « drogue » concerne les drogues illicites. C'est pourquoi on parle actuellement plus volontiers de « substances psychoactives ». Ces substances ont un effet sur le fonctionnement du cerveau et leur consommation peut constituer soit une transgression légale (en cas de drogues illicites), soit une transgression médicale (les méfaits d'une consommation importante de tabac et d'alcool sont bien connus), soit une transgression sociale (actuellement la consommation de tabac est perçue plus négativement qu'antérieurement).

Depuis dix ans, on a assisté à une augmentation considérable de la consommation de cannabis, à une stabilité de la consommation d'alcool, et à une variation de la consommation de tabac (augmentation dans un premier temps, diminution ensuite). Cette évolution différentielle selon les substances (les consommations n'évoluent pas toutes dans le même sens au cours du temps) a amené à considérer chaque substance séparément.

Toutes les consommations augmentent très sensiblement avec l'âge (même si l'augmentation varie d'une substance à une autre) et la consommation (tout comme les augmentations) diffère pour garçons et filles. En effet, les garçons sont plus consommateurs (et surtout plus consommateurs réguliers) d'alcool et de cannabis que les filles, qui sont quant à elles actuellement un peu plus nombreuses à fumer du tabac. Ainsi, il s'avère difficile de parler de la « consommation des adolescents », sans préciser leur âge et leur sexe. En effet, la consommation évolue tellement avec l'âge, pour les garçons et pour les filles, que la moyenne n'a plus aucune signification.

Les substances psychoactives les plus consommées parmi les 12-19 ans sont le tabac, l'alcool et le cannabis, les autres substances illicites (ecstasy, héroïne, cocaïne etc.) le sont très nettement moins. Notons qu'avec l'augmentation de la consommation de cannabis, on n'a pas observé d'augmentation des autres drogues illicites.

La consommation de substances psychoactives des adolescents en 2003

Par âge et sexe (en %)

Sexe	Garçons				Filles			
Âge	< 13	14-15	16-17	18	< 13	14-15	16-17	18
	%	%	%	%	%	%	%	%
Tabac au moins une fois	30	56	70	78	20	55	74	81
Tabac quotidien	3	9	25	37	1	10	127	34
Alcool au moins une fois	72	84	89	91	65	79	88	91
Alcool au moins 10 fois par mois	3	6	12	21	1	2	5	7
Cannabis au moins une fois	7	25	47	66	2	17	41	52
Cannabis au moins 10 fois par mois	0	3	13	21	0	1	4	7

Source : Espad 2003, Inserm (Choquet, Hassler, Morin) & OFDT (Beck, Legleye et Spilka), en collaboration avec le ministère de l'Éducation nationale.

L'ivresse, un mode de consommation d'alcool « à risque »

Il y a d'une part le niveau (et la régularité) de consommation et d'autre part le mode de consommation. L'ivresse est une notion subjective, qui va de pair avec une perte de contrôle et qui survient chez les jeunes parfois après une faible absorption d'alcool, en particulier chez les filles. Moins les jeunes sont habitués à consommer, plus ils peuvent ressentir un état d'ivresse après une faible consommation d'alcool. Souvent, l'ivresse est un état ressenti par ceux qui n'ont pas une habitude régulière de consommation.

Si, à 17-18 ans, la moitié des jeunes a déjà été ivre au moins une fois, seulement 5 % des garçons et 1 % des filles ont été ivres au moins dix fois dans l'année. Le risque principal d'une ivresse occasionnelle est le risque routier (en deux-roues ou quatre roues, comme conducteur, passager ou piéton). Or, en France, ce risque routier n'est pas négligeable.

Source : Espad 2003, Inserm (Choquet, Hassler, Morin) & OFDT (Beck, Legleye et Spilka), en collaboration avec le ministère de l'Éducation nationale.

Les conduites de déscolarisation

Si le taux de redoublement reflète l'échec des acquis scolaires, les conduites de déscolarisation, telles que le fait d'arriver en retard à l'école ou de manquer des cours, expriment le désinvestissement scolaire qui, à terme, peut mener vers le redoublement ou éventuellement l'exclusion scolaire.

En dix ans, la moyenne des conduites de déscolarisation (absences, retards) n'a pas tellement évolué, mais on a constaté une diminution des conduites de déscolarisation chez les moins de seize ans et une augmentation ces mêmes conduites chez les seize ans et plus. Ainsi, les jeunes « en scolarité obligatoire » (et en particulier les garçons) sont actuellement plus assidus qu'il y a dix ans (le retard aux cours ainsi que l'absence ont tendance à diminuer chez les plus jeunes) alors que les élèves scolarisés au-delà de cet âge (en particulier les dix-huit ans et plus) sont nettement moins assidus. Ainsi la proportion des élèves de dix-huit ans souvent en retard est passée, entre 1993 et 2003, de 12 % à 16 % (garçons) et de 6 % à 10 % (filles) ; durant la même période, la proportion des absents est passée de 6 % à 9 % (garçons) et de 7 % à 9 % (filles). On peut raisonnablement penser que les mesures prises par les établissements scolaires à l'égard des élèves « en scolarité obligatoire » (comme par exemple l'information plus systématique et plus rapide des parents en cas d'absence ou de retard de l'élève) ont eu de l'effet...

Les conduites de déscolarisation des adolescents en 2003

Par âge et sexe (en %)

Sexe	Garçons				Filles			
Âge	< 13	14-15	16-17	18	< 13	14-15	16-17	18
	%	%	%	%	%	%	%	%
Ont été, durant les 12 derniers mois, souvent :								
En retard (1993)	4	8	10	12	2	5	7	6
En retard (2003)	3	6	11	16	2	5	9	10
Ont été, durant les 12 derniers mois, souvent :								
Absents (1993)	5	6	7	6	4	7	7	7
Absents (2003)	4	6	6	9	3	6	8	9

Source : Enquête nationale auprès de 12 000 jeunes, Inserm, U472 (Choquet, Ledoux), 1993 ; Espad 2003, Inserm (Choquet, Hassler, Morin) & OFDT (Beck, Legleye et Spilka), en collaboration avec le ministère de l'Éducation nationale.

Pour avoir l'esprit libre, l'adolescent doit se sentir en sécurité à l'intérieur de lui-même. La tranquillité est en lien direct avec une présence suffisante des parents, ni trop proche ni trop lointaine. Lorsqu'un jeune se sent abandonné par un père (ou une mère) trop absent, ou qui ne prend jamais le temps de s'intéresser à lui, l'intensité de son besoin occupe tout son esprit. Il espère, il est déçu, et toute son énergie est concentrée dans cette attente. Tel autre, au contraire, se trouve investi exagérément par le parent, qui, du fait de sa propre anxiété, cherche à exercer une maîtrise permanente sur ce qu'il fait ou ce qu'il pense. L'adulte est omniprésent, au détriment des temps de solitude et des zones de secret sans lesquels l'adolescent ne peut se construire.

Les extrêmes se rejoignent. Dans les deux cas, se produit un effet d'intrusion qui trouble la sérénité sans laquelle l'adolescent ne peut conduire calmement ses relations avec lui-même et avec les autres. Il existe une grande analogie entre la manière dont on gère ses espaces personnels et celle dont on gère ses liens avec l'environnement. Si l'adolescent ne se sent pas lui-même en sécurité, comment pourrait-il éprouver positivement sa relation aux autres ?

La dépression parentale

Les soucis de la vie donnent aux adultes de multiples causes de mal-être, dont les effets agissent sur l'entourage. L'adolescent osera-t-il entrer en conflit avec son parent s'il a le sentiment que celui-ci ne peut rien supporter tant il est déprimé ?

Quand une opposition surgit, le jeune se vit alors comme un être mauvais, capable d'ajouter à l'angoisse du parent le poids de son anxiété. Il se sent coupable d'attaquer celui dont les difficultés confirment la réalité des dégâts qu'il cause. La dégradation de sa propre image le pousse à la provocation. Il s'avoue inconsciemment que, vraiment, il n'est « bon à rien », qu'il est « nocif ». Il peut être confirmé dans cette insécurité par des paroles d'adultes : « Dans mon état, tu ne devrais pas… » Le parent est amené par un effet de retournement à prononcer les condamnations que le jeune se porte contre lui-même, à l'image de celui qui est effrayé et inverse la situation en affolant son entourage.

Si le jeune se délivre ainsi de la peur en la faisant porter par l'autre, il n'échappe pas cependant à la culpabilité qui en résulte. L'adolescent entre dans un processus où il s'autoconfirme par un comportement provocant dans l'image négative de lui-même. Il ne se rend pas compte qu'il a toujours besoin d'un autre qui exprime l'angoisse ou la condamnation qu'il ne peut reconnaître en lui. Cette difficulté le rend très vulnérable.

Fuir les autres et soi-même

Quand la confrontation devient trop dangereuse pour soi et pour l'autre, il ne reste plus qu'à l'éviter. Pour échapper au conflit avec son parent, l'adolescent adopte des conduites qui lui permettent de fuir la relation, les autres et lui-même. Il trouve en celles-ci une illusion de pouvoir sur son environnement.

S'isoler, se mettre en retrait

Le jeune en retrait, replié sur lui-même, refuse les échanges. Cet isolement ne s'apparente pas au plaisir d'être un peu seul ou de profiter d'un moment de tranquillité. Sa solitude est une fuite active face à une situation qu'il ressent bloquée et violente, puisqu'il ne parvient pas à la faire évoluer. Pour résister, le jeune campe sur ses positions. Contrairement aux apparences, cette attitude traduit une grande demande à l'égard des autres et une intolérance à la solitude. Mais la peur de la confrontation à laquelle pourrait l'amener l'ouverture sur l'extérieur oblige l'adolescent à se refermer sur lui-même. Cette attitude silencieuse (et trompeuse) se trouve dans un premier temps assez bien supportée par l'entourage. Elle comporte néanmoins un danger, celui de s'amputer d'une partie de ses capacités.

Un évitement de soi-même

Il peut être très difficile d'admettre son incapacité à affronter les autres (et surtout les parents). En se fuyant soi-même, en s'isolant de son psychisme et de ses pensées, de ses émotions et de ses pulsions, on évite de prendre conscience de cette réalité. Au risque de passer pour niais, l'adolescent préfère occulter sa pensée dont il redoute le cheminement et l'issue.

D'autres troubles traduisent les mêmes craintes : certains jeunes repoussent l'endormissement par peur, au travers des rêves, d'être envahis par leur vie pulsionnelle ; d'autres s'imposent par choix un mode de vie contraignant. Dans l'ascèse, l'adolescent s'épuise dans des conduites exigeantes de renoncement. Il se prive de nourriture, se dépense physiquement avec outrance, ou encore se soumet à des rituels de travail exagérément stricts. Il se protège de sa vie intérieure par une somme de règles extérieures (*cf. Troubles*, p. 99).

Bien que située à l'opposé, on pourrait assimiler également aux conduites de fuite des émotions la quête débridée de sensations. L'adolescent s'étourdit dans la stimulation permanente

VOITURES ET DEUX-ROUES

Les accidents de la route restent, de loin, la première cause de décès chez les adolescents et les jeunes, et les données de la Sécurité routière pour l'année 2000 montraient qu'en France il y avait 256 tués pour un million d'habitants âgés de quinze à vingt-quatre ans, contre 129 tués pour un million d'habitants tous âges confondus.

Le taux du port de la ceinture de sécurité a beaucoup augmenté chez les jeunes ces dernières années, comme le laissent supposer les données de 2000 de la Sécurité routière sur l'évolution des procès-verbaux pour cette infraction. Ce taux est plus élevé chez les filles que chez les garçons, décroît avec l'âge, mais est renforcé par des programmes d'éducation à la conduite. On a pu démontrer les liens existant entre la faible compliance et les facteurs psychologiques, l'accident pouvant avoir une signification proche de celle de l'acte suicidaire.

Cependant, il ne faut pas négliger le rôle des facteurs socio-économiques dans les accidents de voiture ou de deux-roues. Les adolescents, étant souvent démunis financièrement, utilisent des véhicules mal entretenus, des casques peu efficaces, etc.

Quant aux différences observées selon le sexe, en ce qui concerne les attitudes face aux risques routiers, les causes d'accidents (plus fréquents chez les garçons) ont été jusqu'à présent envisagées dans un contexte psychologique d'expression centré sur l'« agir », significatif d'un modèle masculin. On peut s'interroger sur l'évolution historique de ces différences selon les sexes, compte tenu de l'évolution des comportements des filles, qui rejoignent les activités traditionnellement masculines.

de ses perceptions, derrière lesquelles il disparaît. Il craint de sombrer dans la dépression s'il n'est pas survolté. L'excès du comportement vient remplacer le vide dû à l'absence de relations satisfaisantes avec les autres. On le constatera, une grande excitation traduit généralement un immense désarroi.

Les fausses maîtrises de l'environnement

Face au sentiment d'impuissance qu'il éprouve à entrer en relation avec les autres ou à accepter certains aspects de lui-même, l'adolescent cherche à retrouver par ailleurs une certaine maîtrise de son environnement. Faute de se sentir capable de s'attacher (et de courir le risque de se confronter) à une personne, il se laisse capter par des comportements substitutifs à la relation qu'il n'arrive pas à négocier.

La toxicomanie, l'alcoolisme, la dispersion sexuelle, les troubles de la conduite alimentaire, l'abus des médicaments ont une problématique commune. Ils comblent dans la vie de l'adolescent l'espace blanc du vide relationnel. L'adolescent se trouve aliéné par ces comportements qui peu à peu l'envahissent tout entier, comme le ferait un attachement passionnel. À l'image de sa relation avec ses parents, il est capté par la drogue ou l'alcool, il ne peut s'en séparer.

Pendant un temps, ces conduites lui donnent un sentiment d'autonomie. En fait, il se piège à son insu et retrouve dans cette fuite la dépendance affective vécue avec son entourage. L'adhésion à une secte traduit la même difficulté. Le jeune, dans son désir d'échapper au pouvoir parental, se trouve ramené à une soumission et à une dépendance totales. Il avait voulu fuir et le voilà emprisonné. Si, dans un premier temps, il a pu accepter cette forme de soumission, c'est parce qu'elle s'opposait à celle de ses parents. Certes, il se différencie d'eux, mais d'une manière qui le pénalise durement.

Derrière ces comportements, on trouve toujours chez l'adolescent une mauvaise image de lui-même, caractérisée par un manque d'estime de soi et un fond dépressif. Pour lutter contre la dépression, il s'appuie sur des conduites chargées de remplacer la vie relationnelle. Mais ces conduites, à l'inverse de l'effet recherché, le fragilisent encore un peu plus. Certes, l'adolescent trouve là une identité qu'il n'arrive pas à affirmer par ailleurs. Mais il s'agit d'une identité négative.

La définition des limites

Les comportements pathologiques sont significatifs de la difficulté pour l'adolescent à trouver auprès de ses parents la possibilité de se confronter, dans des limites raisonnables, à leur autorité. Soit que celle-ci n'existe pas, soit qu'elle soit si forte que l'adolescent n'ose s'y mesurer, par peur d'un conflit qu'il ne pourrait maîtriser. L'opposition constructive s'exprimera d'autant plus aisément que le cadre éducatif aura été défini dès l'enfance, avec fermeté et souplesse, afin de permettre la constitution d'un rapport de négociation. Les discussions de la vie quotidienne tournent vite à l'affrontement si personne ne pose les bornes. C'est l'escalade, la confrontation devient une lutte de pouvoir, agressive ou violente dans un combat où entrent en jeu des rapports de soumission et de contrainte.

Trouver sa position

Il est plus facile d'être ferme sur les principes, lorsqu'existe un consensus social à leur propos. Longtemps, il a suffi de se référer au mode de vie et de pensée du plus grand nombre. Actuellement, tout est rendu plus difficile, rien ne va plus de soi. Le parent doit trouver sa position et la défendre. Un effort plus grand lui est imposé, transformant la démarche éducative en une aventure personnelle, plus structurante mais aussi plus

•••• **Contrepoints**

Dans le silence de l'appartement, j'ai ouvert la porte de la chambre, puis le tiroir du bureau et l'enveloppe grise. J'ai vu. Pâleur froide de mes mains. À l'instant même, il n'est déjà plus possible d'ignorer. J'ai peur.
Elle est rentrée du lycée, désinvolte, un ton au-dessus qu'à l'accoutumée. Elle ignore encore que le lycée vient d'appeler pour signaler son absence depuis deux jours. Je retourne les mots dans ma bouche
Soudain le bruit des rangers dans l'escalier et le frottement du sac de Nylon contre le mur. Derrière la porte, les parents, le visage marqué par trois jours et trois nuits d'insomnie. Leur regard, avant d'ouvrir la porte en grand.

contestable. Bien souvent, les parents sont interpellés : « Tu refuses, et le père de mon copain, lui, il a accepté ! » Devant le « non », les adolescents ne voient souvent que l'effet du mauvais vouloir des parents, ce qui leur donne une occasion d'excitation ou de révolte. La règle ne s'applique plus à tous, elle devient subjective. Il est donc possible de la remettre en cause.

Pour prendre une décision, les parents ont donc à mesurer l'intérêt bien compris de l'adolescent. Ils ont par exemple à reconnaître leur part d'anxiété personnelle dans un refus, ou à s'interroger sur ce qui pourrait s'apparenter à une réponse adressée, par procuration, à leurs propres parents plutôt qu'à leur adolescent (*cf. Générations*, p. 77).

L'interdit, non le jugement

Deux plans sont à distinguer : l'un est l'énoncé de l'interdit, l'autre le jugement porté sur la personne. L'un affirme : « J'ai peut-être tort, mais je n'accepte pas que tu fasses cela. Je ne peux pas dire oui. Tu verras plus tard. » Cette position laisse une autonomie potentielle à l'adolescent. Il le fera, dans quelques années, à l'âge adulte. Le jeune ne s'en trouve pas disqualifié, la limite posée diffère simplement la réalisation de ses désirs, sans jugement de valeur. Elle est respectueuse de lui-même.

• • • • Contrepoints

Oui, les autres ont le droit et pas toi. Oui, tous les autres. Oui, tu seras le seul. Oui, l'unique. Oui, tu auras l'air malin. Non, je n'explique pas. Non, aucune raison. Aucune
La veille du départ. Noir refus de Matthieu de partir avec la famille dans la Creuse. Il restera seul, un mois à Paris, affirme-t-il. Une ambiance de couteaux, coupée par la visite impromptue de la mère d'Olivier, le copain. Elle propose, elle offre, elle insiste. Elle emmènera Matthieu dans la Drôme avec eux. Au retour, en septembre, l'œil lavé du gamin.
S'il te plaît, arrêtons là, je préfère que tu en parles avec ton père.
Antoine s'approche, raconte. Le père : « Et ta mère? elle en pense quoi ? »

L'autre profère : « Tu n'as pas honte ? Tu me le demandes, mais tu n'en es pas capable. » Cette réflexion porte un verdict sur l'adolescent lui-même. La gêne qu'éprouve l'adulte à interdire le pousse à aller plus loin que le simple « non ». Pour soumettre l'adolescent à son pouvoir, il ressent le besoin de le dévaloriser. Celui-ci est touché dans son identité, il se sent meurtri et peut-être en nourrira-t-il un sentiment de révolte.

L'humiliation et l'interdit sont deux registres distincts. L'humiliation est un puissant moteur de conduites violentes car l'identité blessée de l'un cherchera à atteindre, en réponse, l'identité de l'autre. À l'inverse, l'interdit se passe de commentaire, il n'a pas besoin d'être blessant, il ne rend pas coupable.

Il est inutile d'ajouter au refus un jugement de valeur – « Tu vois, tu fais encore du mal à ta mère ! » –, qui entrerait en écho avec la peur inconsciente de l'adolescent : son appétit de vivre est tellement fort qu'il pourrait devenir meurtrier pour les adultes. Lui confirmer cette crainte ne l'aide en rien. L'interdit est posé parce que le parent n'est pas d'accord et qu'il a autorité. Sa conviction profonde suffit à le légitimer.

La peur est communicative. À son tour, le parent peut, même lorsque l'inquiétude le ronge, redouter le conflit et choisir le silence. Relever un comportement, poser des questions, écouter les réponses amorcent le dialogue, mais exposent au risque de conflit. En fermant les yeux ou en se taisant, le parent préserve apparemment la relation mais, en réalité, introduit une complicité tacite face à des attitudes qui pourraient devenir dangereuses pour le jeune.

En posant la limite, le parent a souvent peur de s'entendre dire par son enfant : « Tu ne m'aimes pas. » Comme s'il avait besoin, dans une inversion des rapports, d'être rassuré sur sa qualité de bon parent. En cherchant à devenir un parent idéal, ne s'adresse-t-il pas, là encore, à la génération précédente plutôt qu'à la suivante ? (*cf. Génération*, p. 77).

Il est vain de compter sur l'approbation de l'adolescent quand on lui répond « non ». Il faut pouvoir supporter qu'il claque la porte en criant « Vous n'y comprenez rien ! » et ce n'est pas pour autant qu'il faut changer d'avis. Certains parents ne supportent pas la critique de la part de leur adolescent et voudraient interdire avec son accord. L'écart qui se manifeste lors d'une opposition entre les deux acteurs n'est pas dramatique, sauf s'il est vécu comme une coupure insupportable. Plus l'adolescent sentira la difficulté du parent, plus il sera tenté de surenchérir. On peut laisser au jeune le droit d'être mécontent de se voir interdire son désir. Le parent qui n'ose pas se distinguer de l'adolescent – « Je ne veux pas qu'il puisse me reprocher quelque chose » – l'empêche de vivre sa révolte. Cette attitude sidère l'adolescent, dans la mesure où il est pris au pied de la lettre, le frustrant de la colère à laquelle il a droit. Trouver que les adultes ne comprennent pas grand-chose, se sentir meilleur qu'eux, cela fait aussi partie de l'espace privé de l'adolescent.

Un « toucher » réciproque

Il est souhaitable d'instaurer précocement un dialogue pour éviter l'installation de comportements captateurs et piégeants, générateurs d'une identité négative. Si le jeune se sent éloigné de l'estime de ses parents par un fossé infranchissable, il risque de nourrir de lui-même une image très dégradée, qui aura les conséquences évoquées plus haut. « Ça ne me fait plus rien », affirment les adolescents, en évoquant la colère du parent lorsque le dialogue est rompu depuis trop longtemps. Si les problèmes sont abordés assez tôt, les jeunes sont touchés par

•••• **Je me souviens**

J'ai dix-sept mois d'écart avec ma sœur aînée. Lorsqu'à dix-huit ans elle a commencé à travailler, j'étais encore au lycée. Son salaire lui permettait dorénavant de s'acheter les vêtements que nos parents lui refusaient. Moi qui subissais encore leurs refus, je faisais des emprunts dans sa garde-robe. Nous eûmes des disputes interminables. Je sentais bien son plaisir d'être femme et autonome. Je l'enviais à en être malade. Elle finit par mettre un verrou sur son armoire, et je la suppliais de me louer certains vêtements au tarif exorbitant de un franc par jour. Cette année-là me parut interminable. Le temps a passé, mais je ne rate jamais une occasion de lui rappeler cette période.

Jacqueline, 45 ans

les paroles des adultes et ces derniers par celles des jeunes. Dans ce « toucher » réciproque, on peut essayer de rétablir des liens.

Plus que le fait de dire, la manière de dire comptera en priorité. Si la parole ne sert qu'à créer une excitation hystérique, si le fils ou la fille devient un catalyseur, un bouc émissaire de tout ce qui pose problème dans la famille, alors la parole peut devenir explosive. Les êtres ne sont pas compartimentés, et le parent peut avoir tendance à drainer toutes ses autres angoisses, sous couvert des difficultés de l'adolescent. Qu'adviendra-t-il alors de ce dernier, surchargé par les problèmes familiaux ? La façon de parler peut représenter soit une escalade, soit une délivrance.

Attendons demain

Les médiateurs permettent d'éviter les écueils d'une relation duelle, quand celle-ci conduit à une lutte pour le pouvoir qui entraîne la mise en cause de l'identité de l'un ou l'autre des partenaires. Cependant, eux-mêmes ne sont pas à l'abri des effets des relations de captation réciproques. S'ils n'y prenaient garde, les tiers courraient à leur tour le risque d'être happés d'un côté ou de l'autre : le jeune et le médecin contre les parents, le professeur et le père contre l'adolescent. Bloc contre bloc, le conflit se poursuivrait et chacun continuerait d'être pris dans une relation faussée par la nécessité de sauvegarder son identité.

Ainsi le tiers aura à se préserver d'une trop grande implication affective, afin de rester hors du conflit. Les solutions proposées deviendront acceptables du fait même de sa position de neutralité. Sa présence facilitera l'expression des sentiments, le choix des mots et le retour à une relation de compréhension.

Le meilleur des tiers est souvent l'autre parent, le père ou la mère, moins impliqué dans l'affrontement ; à condition toutefois que le couple ait su respecter les différences et vivre celles-ci comme des complémentarités, sans disqualification de l'un ou dc l'autre.

D'une manière générale, il faut savoir différer un conflit et ne pas le pousser au bout. Le temps joue en faveur de l'apaisement. « Nous en reparlerons demain, avec ton père ou ta mère... Oui, attendons demain. »

Générations

« Renvoyés, malgré nous, à notre propre adolescence.

Sur le grand échiquier des relations humaines et affectives, aucune figure ne peut changer de place sans provoquer des réactions en chaîne, sans obliger toutes les autres à effectuer une série de réaménagements. Dans la lignée que constitue la famille, une trame serrée de relations, de souvenirs, de projections, de renoncements, de plaisirs a tissé la toile de fond à partir de laquelle chacun s'est constitué, dans la différence, l'originalité et la proximité.

La mémoire et le réveil

Si les adultes détiennent certains souvenirs précis de l'enfance, souvent grâce au récit de leurs parents, il n'est pas rare de constater qu'ils ne gardent curieusement que très peu de traces de leur adolescence. N'aurait-elle rien provoqué en eux ? Nous le constations tout au long de ce livre, l'adolescence représente un bouleversement intérieur profond, constitutif, auquel personne n'a pu échapper. Même – et d'autant plus – s'il a été fait parfois tout ce qui était possible pour le contenir (*cf. Troubles*, p. 99).

Il serait plus raisonnable de penser que cette période de l'histoire de chacun est au contraire tellement chargée en émotions, liées à des transformations et à des réajustements divers, que la mémoire n'a pas réussi à la fixer sous forme de représentations verbales. Les mots, qui sont un des outils de la mémoire, n'ont pu traduire l'intensité de ce qui était vécu. Cette période a été mise entre parenthèses. Quant aux parents des parents, sans doute n'ont-ils pas souhaité non plus rappeler à ces derniers les souvenirs d'une période difficile pour eux aussi.

L'adolescent a l'art de pointer, de toucher là où le parent a tenté d'oublier, réveillant ainsi des émotions et des souvenirs que celui-ci a beaucoup de mal à identifier comme tels. Ainsi les adultes se sentent-ils bouleversés, atteints parfois par des peurs ou des craintes sans commune mesure avec le réel, sans comprendre l'origine de ces émotions, de ces sentiments puissants, qui parfois les secouent violemment. Ils sont alors renvoyés malgré eux à leur propre adolescence. Se déclenchent en eux des mécanismes identiques à ceux qu'ils développaient du temps de leur jeunesse.

Ramenés à leur passé par leur enfant de quinze ans, ils ne pourront pas échapper au modèle que leur avaient alors fourni leurs parents. Comment ceux-ci ont-ils traversé cette période de leur vie ? Quels en avaient été les effets au sein de leur couple ? Tout cela est à nouveau présent.

Ils sont sollicités, au milieu de la vie, bien sûr à leur insu, en amont par leurs propres parents, en aval par leurs enfants adolescents. Une position carrefour peu confortable ! Rien d'étonnant qu'elle puisse être génératrice de difficultés diverses.

D'autant que certains qui avaient traversé apparemment sans encombre la période d'adolescence, la repoussant au loin, sont saisis vers la quarantaine – tardivement il est vrai – de mouvements profonds et ignorés, les portant vers des remises en question généralisées, tant sur le plan affectif que professionnel. Peut-on échapper aux remises en cause si l'on veut être adulte ?

Une transmission inconsciente

Cette « crise » des parents se situe aujourd'hui, du fait de l'augmentation de l'espérance de vie, au milieu de l'existence. C'est un fait nouveau. L'idée de pouvoir « recommencer à zéro » peut donc germer dans leur tête. Ce n'était pas le cas pour les générations précédentes qui se trouvaient aux deux tiers de leur parcours. Cette nouvelle donne ne modifie pas les mécanismes profonds qui ont toujours existé. Elle permet plus facilement des mises en actes qui ne sont pas sans effets sur le couple et ses enfants.

La question de la rupture du couple parental n'est envisagée ici que sous l'angle des effets produits sur l'enfant et l'adolescent.

Plus que la séparation en elle-même, la manière dont celle-ci se déroule (ou s'est déroulée) sera déterminante. L'enfant ou l'adolescent aura-t-il pu trouver une cohérence entre ce qu'il a observé chez ses parents, ce qu'on lui a dit et les décisions qui ont été prises ? Lui aura-t-on fait suffisamment confiance dans sa capacité à comprendre ? Ou se sent-il berné, trahi par des faux discours ? Bien souvent, les symptômes s'inscrivent dans cette souffrance, génératrice de culpabilité. Le phénomène de « répétition », que les professionnels du social ne manquent pas d'observer, n'est souvent qu'une volonté inconsciente, de la part de celui qui rejoue les situations vécues par ses parents, de comprendre enfin ce qui s'est passé.

Ces mécanismes échappent – la plupart du temps – à leurs acteurs. Ils ramènent à la transmission inconsciente entre générations, qui passe d'une position profonde à une autre.

Dans ce phénomène complexe, des tractations s'effectuent à l'insu des protagonistes, en venant modifier les projets éducatifs. Ainsi, l'enfant arrache à ses parents ce que ceux-ci refusaient de transmettre et qu'ils voulaient garder secret ; il se passionne pour ce qu'ils avaient oublié. Dans les blancs et les silences, son imagination, sa créativité trouvent l'occasion de s'exercer. Mais aussi, ce qui risque de s'inscrire en négatif, sous la forme de symptômes et de souffrances, traduisant par là que le message aura été reçu.

INFLUENCE

Les adolescents accordent à la famille et à la transmission entre générations le premier rôle en tant que système d'influence dans les comportements. Les camarades et les médias ont également leur importance.

C'est ainsi que les professionnels de la santé ou de la sécurité ne sont pas les seuls acteurs de la prévention.

On ne peut, lors de l'élaboration de stratégies préventives, avoir une approche trop superficielle des causes d'accidents. Il faut tenir compte, et ceci en est un exemple, d'un ensemble complexe de données.

En ouvrant ces quelques perspectives, notre ambition est d'essayer de poser des mots là où ne se manifestent que des émotions douloureuses ou inquiétantes. Des mots pour établir des passerelles avec ce qui paraît sans lien, éclaté, inexplicable.

Un héritage

Au regard des mutations rapides des sociétés modernes, doit-on penser que ce qui est transmis aux enfants est aujourd'hui profondément modifié par rapport à la stabilité qui a caractérisé le patrimoine commun pendant de nombreuses générations ?

La quantité d'informations, l'accélération des transformations ont rendu complexe la notion même de transmission. À peine s'est-on approprié les savoirs techniques ou culturels que ceux-ci se trouvent déjà dépassés. Dans le domaine du savoir-être qui nous intéresse ici, peut-on constater les mêmes mutations ? Certes, la forme a beaucoup évolué dans les codes relationnels, les discours, les manières de s'aborder, de se parler, de vivre ensemble. Elle donnerait facilement l'impression que le fond a changé lui aussi. Mais c'est une erreur. Il existe un grand décalage entre les discours et ce qui les anime, entre les formes et le fond, entre les nouvelles modalités de relation apparentes et le domaine des sentiments profonds. Par exemple, alors que les discours et les informations se trouvent libérés de l'interdit où ils étaient tenus, les adolescents expriment à l'égard de la sexualité les mêmes inquiétudes et les mêmes questions que les générations précédentes.

Cette pérennité signifie que, même si les adultes se sentent parfois dépassés, « ringards », ils ont malgré tout à transmette sur le fond ce qui leur a été transmis, et qui sera retransmis à la génération suivante.

Le passé raconté

Nombre de parents mettent tout leur cœur à faire passer ce qui pourrait les aider à réaliser le rêve qu'ils portent en eux de l'enfant idéal. Ainsi en va-t-il des codes, des croyances, des pratiques sportives ou culturelles ; ils souhaiteraient pouvoir injecter ces valeurs, les perfuser, afin de retrouver dans l'autre des parties d'eux-mêmes qui les feraient vivre plus durablement. Une manière de traverser la mort et de s'assurer une part d'éternité. Mais uniquement sur les points qui recueillent leur agrément !

De même, une histoire familiale peut être transmise un peu magnifiée, ou au contraire provoquer des silences dépréciateurs : « Je n'en sais rien ; on ne m'a jamais rien dit. » Une autre manière de parler : le silence éloquent.

Il existe des familles dans lesquelles l'histoire familiale est contée par les uns et les autres dans le courant du quotidien, des réunions de famille, par les photos ou les paroles. L'adolescent arrive alors à avoir une connaissance assez précise de ses origines. Car si l'on ne sait pas d'où l'on vient, on ne peut pas savoir où l'on va. C'est toute l'importance de la transmission.

À cette période de la vie, on a besoin de devenir propriétaire de son histoire, pour se projeter dans l'avenir.

Les parents ont un rôle déterminant dans la façon dont ils vont pouvoir assurer ce passage entre passé et avenir. D'autant plus que, pour l'adolescent, le présent est plutôt source de difficultés et de tourments.

Il relativisera plus facilement ses difficultés actuelles s'il s'aperçoit que tout le monde a dû en passer par là. C'est un moyen de se resituer dans les bouleversements du moment.

Les silences et les oublis

Cependant, en grande partie, la transmission échappe aux acteurs eux-mêmes. Elle ne peut être réduite à un acte volontaire. Souvent, les projets sont déjoués et les efforts non récompensés. Par exemple, l'enfant s'empare à l'insu du parent de ce que justement celui-ci souhaiterait ne pas transmettre ; ou ce que ce dernier avait oublié de transmettre va intéresser son descendant au plus haut point. Le parent retrouvera alors tel comportement chez l'enfant avec surprise. La communication avec l'autre se joue au-delà des paroles, d'inconscient à inconscient.

Le silence permet d'entendre, et la ponctuation de lire. Pourrions-nous écouter la musique s'il n'existait le point d'orgue ? Le silence met en valeur le discours familial et permet aussi de le mettre en doute, de le questionner.

Pourquoi, dans telle famille, évoquera-t-on toujours tel oncle ou telle scène familiale, et toujours dans les mêmes termes ? Ou, au contraire, jamais ? Certains pans de l'histoire d'une famille sont considérés comme honteux ou peu honorables, trop douloureux. Le silence donne valeur aux paroles. Il a des effets positifs en ce qu'il stimule l'imagination et la pensée ; il engage vers la recherche, à condition cependant que l'individu ait la capacité de s'en servir pour trouver une voie originale et socialement acceptable. Chacun a présent en mémoire l'écrivain ou l'artiste qui accomplit son œuvre à travers la recherche de son histoire, de sa généalogie.

Certains secrets sont intentionnellement gardés par l'adulte. Celui-ci sait, mais ne veut pas dire. Il se protège par son silence d'une mauvaise image de lui-même, il craint le jugement de sa famille ; ou encore il en redoute la transmission. Par peur de léguer des échecs et des déceptions pro-

• • • • *Je me souviens*

La nature m'a donné une chevelure très frisée. Dès ma plus tendre, enfance, j'ai voulu porter de longs cheveux, ce qui n'allait pas sans créer des incidents avec ma mère qui ne parvenait pas à les démêler. La décision fut prise de me les faire porter très courts. Ce gros chagrin ne fut pas le dernier. Dans les années 1965, la mode était aux cheveux très raides de Sylvie Vartan ou de Françoise Hardy, et je n'avais de cesse de m'y conformer. J'obtins de mes parents de recevoir pour mes quinze ans un fer à défriser. On allait cesser de m'appeler Louis XIV, au lycée... Je passais des heures enfermée dans ma chambre, sous le regard moqueur de mon frère, à tirer sur mes cheveux, à les brûler, à me haïr frénétiquement. Mon humeur suivait celle du temps. Il faisait sec, tout allait bien, il pleuvait, je devenais infernale, car je refrisais. Ces séances de défrisage portaient sur les nerfs de tout le monde. Jimmy Hendrix, Angela Davis et mai 68 nous sauvèrent de cette torture ! Les frisettes devinrent une mode durable, et je finis enfin par faire l'envie de nombreuses copines. Aujourd'hui, il suffit que je ferme les yeux pour me remémorer l'odeur du cheveu calciné.

Catherine, 41 ans

fondes, il garde le silence, pensant ainsi protéger sa descendance. Paradoxalement, l'expérience se transmet, justement parce qu'elle est enfouie.

Mais certains secrets habitent l'adulte sans qu'il puisse en parler, car lui-même les ignore. Ils lui ont été transmis à son insu par ses parents. Leur destinée souterraine risque de provoquer des symptômes et des souffrances, inexplicables pour le sujet et son entourage, que seule une aide thérapeutique extérieure, au fil du temps, permettra de faire sortir de l'ombre.

Doit-on partir à la recherche de ce que l'on ignore ? Faut-il dévoiler tout ce que l'on sait ? Tout n'est pas bon à dire. Seul peut être parlé et transmis ce que le sujet accepte d'entendre de lui-même. Ce dont il peut parler sans être trop blessé ou trop meurtri. Mais si la pesanteur du secret vient gêner la relation avec l'autre, il est possible d'alléger le fardeau.

Un proche ou un professionnel de la relation apportera son aide pour formuler l'inavouable, le rendre moins dramatique, plus objectif. Bien souvent, les faits débarrassés de leur charge affective deviennent acceptables pour le sujet. C'est après, seulement, qu'il est possible de les transmettre correctement à l'autre. La relation a de grandes chances alors de se trouver allégée, libérée du poids qui l'entachait. Bien souvent, ce que chacun osera « s'avouer », puis ce qu'il dira enfin, ne présentera pas pour l'interlocuteur la même souffrance. Peut-être que celui-ci serait étonné de toutes ces difficultés. « Ce n'était donc que cela ? »

Le fils de son père

Un jour, un père est venu consulter avec son fils. Il redoutait que celui-ci n'ait fumé du cannabis. Il était très inquiet. Au cours de l'entretien, il est amené à parler de lui au même âge. Il raconte alors les difficultés qu'il a vécues et lâche qu'il avait été incarcéré quelque temps pour des actes de délinquance. « Quelques broutilles », a-t-il ajouté. Son fils a connu ce jour-là l'adolescence de son père. Celui-ci ne lui en avait jamais parlé, « de peur que cela ne lui donne des idées ». Par cette transgression commune – le cannabis et le fait de délinquance –, l'adolescent apprenait qu'il était bien le fils de son père. Il constatait également que l'on pouvait dépasser certains caps, qu'il était possible de parler de ses difficultés, que son père l'y avait autorisé en se livrant ainsi. Par ce symptôme, le fils a permis – en forçant un peu le passage – que son père parle de lui, et lui transmette son histoire d'adolescence.

Souvent, les jeunes savent très bien pousser les parents à dire ce qu'ils veulent garder secret. Par des provocations ordinaires, une manière d'utiliser la colère du parent en le faisant sortir de ses gonds, ou par des appels plus ou moins pressants, plus ou moins désespérés. Les tentatives de suicide, les prises de produits toxiques, les problèmes scolaires, disciplinaires peuvent avoir cette fonction d'appel à la parole.

L'adolescent mène en quelque sorte son enquête. Il cherche, il est curieux de savoir d'où il vient, il calcule, fouille volontiers dans les placards et les tiroirs fermés à clé. Il exerce sa curiosité dans tous les domaines, de la cave au grenier. Il veut savoir et il a maintenant une confiance limitée à l'égard de ses parents, car il est à l'âge où l'image idéalisée subit le choc de la réalité ; s'il a eu l'occasion d'être déçu, il peut même ne plus avoir du tout confiance.

Même si les parents ont un souci de vérité et de clarté, il faut savoir que l'adolescent va partir à la recherche de lui-même, à travers son histoire et au-delà des discours officiels. Où se situe-t-il dans la rencontre de ses deux lignées ? Provient-il ou non d'une histoire d'amour ? A-t-il été désiré ou non par ses parents ? Et aujourd'hui, s'aiment-ils toujours ? Ne regrettent-ils pas qu'il soit né ? Qui a choisi le prénom ? Pourquoi ? Pour l'adolescent, la question de fond pourrait se formuler ainsi : « Mes parents ont-ils choisi que je vive et en sont-ils toujours heureux ?» Autrement dit : « Mes parents m'ont-ils "adopté" ? » Ont-ils adopté l'enfant réel après avoir rêvé de l'enfant idéal ? De ce point de vue, l'interrogation de l'enfant légalement adopté n'est pas fondamentalement différente. Savoir si l'on est aimé, élu en tant que personne particulière par ses parents est une interrogation partagée par tous les enfants. Les enfants adoptés légalement présentent l'avantage de pouvoir y répondre positivement, ce qui n'est pas toujours certain pour les autres. Ils ont des parents qui désiraient un enfant à coup sûr.

Dans cette recherche de filiation, l'adolescent trouve des points d'appui dans l'identification à des personnes qui se situent dans ses lignées ou en dehors. À travers les ressemblances qu'on lui affecte d'emblée (« Il est le portrait de... ») ou dont il se réclame, il va se construire. Les modèles (ou les contre-modèles) constitueront des repères pour grandir. Il existe deux arbres généalogiques : l'un génétique, officiel, dont nous sommes issus, et l'autre créé par nous ou pour nous. Mais la greffe prendra-t-elle ? L'adolescent se conformera-t-il à l'arbre subjectif que ses parents ont dessiné pour lui. Si c'est le cas, à quel prix ? Les parents vont-ils autoriser l'enfant à se constituer une identité spécifique ? Le laisseront-ils devenir autre, différent, unique ?

Le « métier » de parent

Certains mouvements idéologiques dans le champ de l'éducation ont pu faire croire qu'on pouvait apprendre à devenir parent. En ce sens, l'idée de « métier » est dangereuse ; elle porterait à penser que, en dehors d'un savoir, de l'application de « bonnes techniques », les parents seraient démunis. En les dessaisissant de leur rôle éducatif spontané, un décalage important peut être introduit entre le discours, les manières de faire et ce qui est véritablement ressenti.

Des positions profondes

La relation parent/enfant ne fonctionne pas ainsi. Les positions profondes, celles que l'on ne connaît même pas soi-même sont déterminantes. Qui ne s'est pas surpris dans une attitude héritée de son père ou de sa mère, celle qui avait été violemment critiquée.

Si l'adolescent se trouve en difficulté scolaire, que le parent tente de se souvenir. Avant de se précipiter sur des palliatifs divers, il convient d'explorer sa propre histoire. Bien souvent, et surtout si rien n'en a été dit, cette difficulté est retrouvée dans le passé parental. En la reprenant à son compte, en la répétant le jeune montre son attachement, sa fidélité.

La manière d'être parent se transmet d'une position profonde à une autre position profonde. Si la reproduction n'est pas identique de génération en génération, c'est le fait de l'environnement nouveau et de la présence de l'autre dans le couple, qui détient sa propre histoire, différente. On oscille entre deux déterminants : l'héritage des parents et celui du milieu social, économique et culturel.

L'enfant met ses géniteurs en position de parents. Chacun a reconnu aux siens propres la capacité de lui transmettre une certaine manière d'être parent. Et le deviendra parce que ses enfants le reconnaissent comme tel. Le parent est fait de ces deux reconnaissances.

Tous les enfants ont besoin d'« adopter » leurs parents ; même dans des situations de maltraitance, l'enfant ou l'adolescent continue le plus souvent de protéger l'image de son parent.

Les parents maltraitants butent sur ce qu'ils ont connu avec les leurs. Heureusement, le fait que les parents soient deux évite que ne se rejouent les situations de façon trop univoque.

Les hasards de la vie ont aussi ce rôle en détournant le cours ordinaire des événements. Mais, globalement, la défaillance du père ou de la mère vient en héritage.

Les enfants qui ont eu des carences affectives importantes du fait du mal-être de la génération précédente, ou qui ont souffert d'abandon, auront parfois à leur tour des difficultés à devenir parent de leur enfant. Ce qui s'est vécu dans la relation précédente, violences, inceste, ou absence de relations, se joue de nouveau avec ses propres enfants.

La répétition est-elle déterminée par avance ? Rappelons que, la plupart du temps, les relations qui s'établissent entre parents et enfants permettent des évolutions satisfaisantes. Dans les cas plus douloureux, il faudrait pouvoir parler de ce qui s'est passé, tisser des liens entre ce qui a été vécu et ce qui est maintenant, entre ce que l'on ressent et ce que l'on dit ; créer des passerelles qui n'ont jamais été proposées pendant l'enfance. Certains ont subi des situations « tombées du ciel », sans accompagnement verbal, sans qu'ils aient pu établir de liens de cause à effet. Généralement, la remise en question survient après un passage à l'acte, un acte qui les pousse à réfléchir. C'est l'objet même d'un travail de psychothérapie, qui permet de comprendre mieux ce qui s'est passé et d'amorcer un changement.

Des qualités et des défauts

Il serait illusoire de penser devenir de très bons parents. Comme le suggérait Bettelheim à la suite de Winnicott, il s'agit plutôt de devenir des parents « suffisamment bons », c'est-à-dire avec des qualités et des défauts. Sinon, le risque serait de passer à côté des questions quotidiennes posées par l'enfant au profit d'un but impossible à atteindre. Vouloir donner à l'adolescent l'illusion qu'un adulte est un être idéal lui rend cet état inaccessible. Autant s'arrêter tout de suite. Certains le font d'ailleurs, se mettant en échec scolaire, se déprimant, montrant qu'ils se sentent incapables d'être aussi bons que papa et maman.

Si les parents ne donnent jamais à leur enfant l'impression de rencontrer ou d'avoir rencontré des difficultés, s'ils ne montrent que l'aspect réussi de leur parcours, l'adolescent, qui se sent défaillant, risque de se trouver, par cette attitude, non incité mais découragé. Ils seraient bien utiles les parents imparfaits, ou dont on pourrait se moquer, qui ne s'accrocheraient pas à une image idéale ! Une manière d'aider l'adolescent à accepter ses propres difficultés.

Pour souffler un peu

Si l'on veut donner à ses enfants une image d'adulte tout-puissant, alors comment accepter que d'autres adultes soient capables de lui apporter une aide ? Pourtant, il est bon de pouvoir passer le relais quand la relation devient trop tendue, trop étouffante. Les adolescents ont besoin de leurs parents, avec leurs limites. Un recours extérieur ne dessaisira en rien ces derniers de leur mission de parent.

Que faire face aux difficultés que manifeste l'adolescent ? Il est possible de lui avouer son impuissance à l'aider directement. Et on peut l'encourager à rencontrer un professionnel, seul ou accompagné. En présence d'un tiers extérieur, il est parfois plus facile de parler et plus intéressant d'écouter (*cf. Espaces*, p. 171). S'il refuse, les parents consulteront pour eux-mêmes. Il s'agit de mettre en relation ce qui se passe pour le jeune avec le passé des parents, de construire une passerelle entre les deux. La découverte du lien permet de dépasser la culpabilité, et ce faisant elle libère. Une pièce de l'échiquier est déplacée et le système dans son entier se trouve modifié.

Des adultes, proches amis, oncles, tantes, peuvent accueillir le jeune un moment. Hors de la maison, les représentations changent : celles du jeune qui compare sa famille avec d'autres systèmes familiaux, celles des parents qui auront l'occasion de découvrir chez leur enfant des possibilités et des comportements ignorés jusque-là.

Du côté des parents, tout ce qui pourra réactiver les souvenirs de leur adolescence sera bénéfique pour le jeune. Les grands-parents peuvent jouer aussi ce rôle, autour de l'album de photos de famille.

L'objectif est que le jeune et ses parents se connaissent mieux. D'une manière concrète, en partant se promener à deux, en déjeunant au restaurant, ou au cours de toute autre activité agréable. Afin que chacun, passé les trois premières minutes de gêne ou de généralités, s'interroge : « Mais, au fond, qu'est-ce qui l'intéresse ? » Même si ce moment ne sert qu'à cela. Ils auront au moins perdu l'illusion qu'ils se connaissaient. Peut être qu'une seconde question pourra alors être formulée : « Qui est-il ? Qui est l'autre derrière les résultats scolaires ? » Si le dialogue s'amorce, si les souvenirs reviennent et se racontent, peut-être constateront-ils qu'ils ne sont pas si différents l'un de l'autre ?

Le parent du parent

L'adolescence provoque un remue-ménage général qui relance toutes les questions autour du couple et de la parentalité. Comme un boomerang, la capacité de l'adolescent à procréer et le trouble qui y est lié sont retournés aux générations précédentes.

À la quarantaine, les parents sont renvoyés par rebond vers leurs parents, ce qui réactive des émotions et des sentiments dont ils avaient l'impression qu'ils ne les concernaient plus. Dans les difficultés de communication qui resurgissent à ce moment-là, l'adolescent endosse un rôle particulier de messager dont il ne maîtrise pas les contenus et les enjeux. À travers l'enfant, parents et grands-parents se parlent ou plutôt continuent de ne pas se comprendre. Le jeu est brouillé.

Tout ce qui permettra de mieux régler la position d'enfant de ses parents, quel que soit l'âge, aidera à mieux assumer la position de parent par rapport à son enfant. Cette période de réactivation est féconde de ce point de vue. Mais il est vrai que plus cette démarche sera tardive, et plus elle sera difficile ! Bien souvent, en venant consulter pour leur enfant, les parents, grâce au travail qui s'effectue, sont aidés dans leur relation avec leurs propres parents.

Les grands-parents représentent un potentiel généralement sous-employé dans la relation parent/adolescent. Proches mais pas directement concernés, témoins de l'enfance du père ou de la mère, ils sont à même de créer – dans la plupart des cas – un nouvel espace dans une relation trop serrée et trop dente. Ils constituent un lien actif dans la démarche de connaissance entre le parent et son enfant. Que les grands-parents se sentent bienvenus dans la relation entre leur fils/fille et leur petit-fils/petite-fille !

La crise du milieu de la vie

C'est un constat : il/elle est devenu(e) un jeune homme/une jeune fille. Quotidiennement le parent observe avec bonheur, émotion ou surprise, crainte ou effarement les transformations du corps de son enfant. Aussi grand, plus grand que lui, des formes arrondies ou élancées, et un intérêt de plus en plus marqué pour le sexe opposé !

Dans le même moment, le parent remarque ses cheveux blancs, sa fatigue, ses rides ; bref, il devient attentif aux signes de son vieillissement.

• • • • Contrepoints

Ils sont tous les quatre autour de la table. La conversation est animée ce soir. Dans quelques mois, pendant toute la semaine, ils ne seront plus que deux, deux vieux ! Elle plonge le nez dans son assiette.
D'elle à lui, de la femme au mari : « Il faut qu'on se parle. »
Lui : « Parler de quoi ? »
Elle : « Ben qu'on se parle ! »
La mère, plongée dans le bulletin de notes de Marion, laisse tomber : « Moi, j'aimais l'école. » Éclat de rire de la grand-mère. « Maman, tais-toi ! », lui est-il rétorqué.

L'enfant pubère, par l'apparition de sa capacité à devenir à son tour géniteur, fait basculer l'adulte dans une autre génération. De manière imaginaire – car cela n'arrivera peut-être que dans plusieurs années –, le parent devient un grand-parent potentiel. Et comme pour toutes les situations de mutation, cette prise de conscience constitue un bouleversement. Aussi, l'adulte préfère souvent ne pas aborder de front les conséquences de ce changement et s'en tient à des questions rationnelles concernant l'adolescence de son enfant : « Comment l'aider à grandir, à devenir autonome ? »

Parent autonome

Et s'il existait en chaque parent une autre question, plus souterraine, plus difficile à formuler : « Comment pouvons-nous devenir autonomes à l'égard de nos enfants ? » « Que devenons-nous hors de notre statut de parent de jeunes enfants ? » L'identité individuelle, mais aussi celle du couple se trouvent posées.

Si, pendant plus d'une dizaine d'années, la raison d'être du couple se déterminait surtout par rapport à la fonction de parents, la voilà soudain remise en question. Le couple peut-il redevenir ce qu'il était avant de procréer ? Amoureux ? Capable de prendre du plaisir sans références aux générations suivantes ? Ou, au contraire, sera-t-il en mesure d'inventer des rapports qu'il n'a jamais expérimentés ? En ressent-il seulement le besoin ?

Le réapprentissage de la vie quotidienne du couple ne pourra faire l'économie de sa sexualité. Et si cette question a pu être mise de côté, du fait de la place occupée par la parentalité ou par les activités professionnelles, elle resurgit alors de manière déterminante.

Quant au parent, pris dans son individualité, se sent-il capable d'organiser différemment son temps ? Quels sont ses champs d'intérêt ? A-t-il pris seulement le loisir d'en cultiver ? S'imagine-t-il vivre hors de l'attente des enfants – de leur visite, du coup de téléphone –, nostalgique de sa parentalité ancienne ? Même si elles ne se posent pas encore concrètement, ces questions affleurent-elles sa conscience ? La réponse viendra-t-elle du couple, ou de chacun pris isolément ?

Bien sûr, ces mécanismes ne sont pas systématiques. Comme pour l'adolescence, cette période du milieu de la vie passera presque inaperçue pour les uns, déclenchera une « crise » pour les autres ; elle sera l'occasion de réaménagements et de mises au point aux intensités et aux effets variés.

Le couple en face

Ainsi, le souci des parents vis-à-vis de l'enfant adolescent est-il indissociable de l'inquiétude qu'ils nourrissent à l'égard d'eux-mêmes, en tant qu'individus ou en tant que couple. Pour certains parents, n'existerait-il pas alors une tentation de garder les enfants dans le nid, pour continuer ainsi de se situer durablement comme parents d'enfants ?

Si, aujourd'hui, on constate un retard notable dans la prise de distance avec les enfants (les jeunes adultes restent dépendants plus longtemps), sans doute, et sans négliger pour autant le contexte socio-économique, faut-il chercher là une part d'explication.

De même que certains jeunes cherchent à différer la tourmente adolescente pour maintenir plus longtemps les bénéfices de l'enfance, certains parents ne repoussent-ils pas, de leur côté, l'étape du vieillissement ?

En réalité, ces deux tentations coexistent bien souvent et se font écho. L'adolescent, face aux difficultés de ses parents à affronter le vieillissement, aura tendance à se culpabiliser, à se sentir responsable, alors qu'il ne fait que grandir ! Soucieux de les protéger, il pourra se maintenir lui-même au stade de l'enfance le plus longtemps possible. Ces mouvements, qui s'effectuent dans le secret, sont rarement explicites. Et on peut, en tant que parent, se désoler sincèrement de l'absence de maturité de son fils ou de sa fille.

Une double prise de conscience de la part du parent et du jeune peut véritablement aider chacun à évoluer, à trouver sa place, sans que l'un parasite la progression de l'autre.

L'idéal à propos de l'enfant

Autre constat : les parents ne reconnaissent plus leur enfant. La transformation physique de l'adolescent le leur rend pour une part étranger ; son attitude, son allure, sa voix, tout change, et pas toujours comme ils l'imaginaient. Les représentations qu'ils en avaient – pas seulement physiques – sont bousculées. D'autant que l'adolescent ne semble plus vouloir se conformer à ce qu'ils attendaient de lui. Parfois même plus du tout. Les voilà obligés de renoncer à leur idéal.

Ce renoncement, que les parents sont contraints d'effectuer en partie ou totalement selon l'intensité de leur idéal, leur rappelle d'autres déceptions. Celles qu'ils ont vécues pendant leur adolescence. Sont réactivés alors des mécanismes qui les font réagir à l'identique. Ces déceptions les concernent en priorité, car le jeune peut être très content de son destin, de ce qu'il advient de lui.

Mais pourrait-il évoluer harmonieusement s'il ressentait ses parents déçus, malheureux ? Alors, comment surmonter la déception ? Le fait de s'avouer que cet écart existe entre ce qu'est l'enfant et ce qui était attendu de lui permet déjà de se sentir moins blessé. Car cet écart signifie que celui-ci a été autorisé à se différencier du père ou de la mère, à devenir autre. C'est un premier pas vers ce qui va lui permettre de se constituer. La réussite dépendra alors de la confiance qui lui sera apportée dans cette construction, dans cet effort à devenir lui-même. Quelle que soit la tourmente du moment, il est possible de croire en sa capacité à trouver sa propre voie.

• • • • Contrepoints

Je n'ai gardé aucun souvenir de mon adolescence. Des amours sans gestes et sans paroles. Des parents si gentils, sans interdits, ni conflits. Je me suis mariée par convenance et j'ai mis au monde un, puis deux, puis trois enfants. À quarante ans, que m'arrive-t-il à l'intérieur?

Au-dessus du bureau de Pierre, piquée au mur avec une punaise, entre les tickets usagés de carte orange qu'il collectionne et les places de concert qu'il expose, une photo. Le grand-père, un peu voûté, tient dans ses bras un bébé. Leurs visages sont tout proches. Ils s'examinent avec attention.

Avoir un autre enfant

Afin de différer les deux problèmes qui se posent au couple lors de l'adolescence de son enfant, vieillir et vivre sa sexualité hors de la procréation, il peut choisir d'avoir un autre enfant.

Cette décision sera le choix du couple, ou celui de l'homme et de la femme séparément, chacun tentant de trouver ainsi le moyen d'échapper à son destin. Pour la mère, qui se rapproche de la fin d'une période de procréation possible, cela se pose d'une manière beaucoup plus forte. Le père peut toujours avoir l'impression de regagner la génération perdue grâce à une femme plus jeune que lui.

Une évidence qui s'impose

Une nouvelle maternité (ou paternité) chez ses parents place l'adolescent devant l'évidence : son père et sa mère sont des être sexués. Pendant l'enfance, il a pu mettre à distance cette partie de la vie de ses parents. Il s'est volontiers imaginé déposé par des cigognes, fruit d'une fleur ou produit d'un chou. Même si une information plus réaliste est donnée aujourd'hui aux jeunes enfants !

Cette nouvelle maternité rend incontournable l'existence de leur vie de couple, prise de conscience souvent choquante pour l'adolescent, insupportable, voire « dégoûtante ».

Pourquoi ? Nous l'avons évoqué (*cf. Besoins*, p. 35), le corps sexué de la mère pour le garçon, du père pour la fille représente au moment de la puberté une menace pour l'adolescent. Menace incestueuse, très présente, même si elle est imaginaire. Elle fait écho aux potentialités nouvelles de l'adolescent qui peut maintenant réaliser ses désirs sexuels.

Se dégager de la menace

Comment l'adolescent va-t-il réagir à la venue du petit frère ou de la petite sœur qui signe concrètement l'acte sexuel ? Il peut mettre en œuvre différents moyens pour se défendre contre ce risque potentiel : chercher à s'éloigner du parent, prendre ses distances par le conflit ou, si c'est une adolescente, se placer dans la position de seconde mère par rapport au bébé, mère qu'elle devient ainsi sans le risque de la sexualité. Divers aménagements sont possibles, qui seront directement liés à la nécessité de se dégager de la menace qu'engendre la sexualité des parents.

Des mouvements de balancier entre de fortes manifestations d'affection ou de négligence vont apparaître, qui ne doivent donc pas être prises au premier degré, par exemple comme un signe de rejet à l'égard du nouveau-né. Qu'on ne s'étonne pas que l'adolescent soit alternativement ou simultanément en position d'équivalence (par rapport au parent) ou de concurrence (par rapport au nouveau-né). Le retour de l'équilibre se fera d'autant mieux que le parent restera souple et attentif, en évitant de rigidifier ses positions.

Les ruptures dans la famille

Question de confiance

Ce n'est pas tant la question de la séparation en elle-même (doit-on ou non se séparer ?) que celle des effets du silence ou au contraire de la confiance qui aura été faite à l'enfant à ce moment-là, qui sera évoquée ici, et selon deux modalités : quelles sont, à l'adolescence, les conséquences d'une rupture entre les parents qui a eu lieu pendant la toute jeune enfance ? Que se passe-t-il lorsque la rupture survient à l'adolescence ? Dans les deux cas, la confiance qui aura été faite à l'adolescent dans ses capacités à comprendre ce qui s'est passé pour ses parents sera déterminante. Non qu'il eût fallu lui demander son avis sur la séparation, ce qui ne lui appartient pas ; mais lui aura-t-on permis de suivre les événements et de trouver une correspondance entre ce qu'il percevait et les informations qui lui étaient communiquées ? Si la rupture a eu lieu pendant l'enfance, ses conséquences sur l'adolescent dépendront de la manière dont elle s'est déroulée. Si elle est restée dans l'ombre et le silence, elle n'aura pas les mêmes effets que si l'enfant a pu percevoir ce qui se jouait, pourquoi et comment.

Dans l'hypothèse où l'enfant a pu trouver des modes de résolution corrects à ses questions, une cohérence entre le discours, les faits et les émotions, on peut alors penser que la séparation rend possible une maturation plus précoce. Non qu'elle ne fasse pas souffrir, mais l'adolescent est amené à se poser plus tôt la question du couple. « Qu'est-ce qui fait vivre deux personnes ensemble ? » « Que signifie avoir un enfant ? » « Qu'est-ce que s'aimer, ne plus s'aimer ? » « Et si on ne s'aime plus, peut-on continuer à se parler ? » Autant de questions que l'adolescent se pose, dans le droit fil de ses préoccupations personnelles.

Mais si tous ces événements se sont déroulés sans explications, ou ont fait l'objet de récits que l'adolescent sait parfaitement « bidon », si rien, dans ce qu'on lui dit, ne colle avec la réalité des faits, avec les émotions et les sentiments, il conservera le sentiment d'avoir été trompé. Quand l'enfant n'a pas eu droit à des explications concordant avec ce qui se passait, il s'estime d'une certaine manière peu digne de confiance. Il peut même aller jusqu'à se sentir responsable de la séparation. Le passage de la responsabilité à la culpabilité est vite franchi.

Sortir de l'engrenage

Par manque d'explications convenables concernant la rupture de ses parents, l'adolescent se sent donc coupable, dangereux pour le couple ; et, si rien ne vient le démentir, comme peut le faire une parole libératrice, il risquera plus tard, dans sa vie affective, de répéter le scénario qu'il a subi, pour tenter de se l'approprier, comme on se met dans la peau d'un personnage pour comprendre ce qu'il peut vivre, pour faire « comme ». À défaut d'en avoir entendu parler, en espérant accéder ainsi à ce qui s'est passé pour ses parents, il se condamne à la « répétition ».

Il est possible de sortir d'un engrenage, et tout n'est pas perdu, même si les parents n'ont pu, au moment de la séparation, apporter des réponses et des explications acceptables pour l'enfant.

Il est toujours temps, et surtout à l'adolescence, de mettre des mots sur ce qui s'est passé. C'est aussi, de la part des parents, le signe d'une confiance dans les nouvelles capacités de leur enfant à comprendre le monde des adultes, à en devenir un lui-même. Il est important que les deux parents puissent s'exprimer, et que l'adolescent entende de leur bouche ce qu'ils ont vécu. L'idéal serait que les parents séparés prennent le temps, après le conflit, d'expliquer ensemble à leur enfant ce qui s'est passé, afin d'éviter que ne subsistent dans les silences ou les versions contradictoires trop de questions et de doutes.

Cet idéal est rarement trouvé dans ces périodes de troubles, laissant l'adolescent face à la subjectivité qui préside à toutes les relations affectives.

Il n'existe pas de chemin tout tracé, et les effets des séparations sont différents selon chaque situation. Lorsqu'une séparation se produit pendant l'adolescence, les divers paramètres qui composent l'histoire de chacun auront leur influence. La séparation est-elle liée à un conflit, à une histoire amoureuse de l'un des parents ? Les raisons varient, et les incidences également.

Des éléments corrects de compréhension

Mais, là encore, tout va se jouer dans la façon dont on s'adresse au jeune, en lui permettant ou non de mettre en correspondance ce qu'il perçoit et ce qui est en train de se vivre entre ses parents. Est-on capable de lui donner des éléments corrects de compréhension ? Tout sera-t-il noyé dans le flou ou le silence ? Si, par exemple, au lieu d'apprendre à l'adolescent la séparation, on lui raconte que le père ou la mère est en voyage, comment éviter qu'il ne se sente trompé, humilié lorsqu'il découvrira la vérité ? C'est une atteinte grave, qui fait beaucoup plus souffrir que la séparation elle-même, honnêtement nommée. Les adolescents ne sont ni aveugles ni sourds ; ils savent ce qui se passe dans le couple. Et il peut y avoir un effet de soulagement dans la reconnaissance d'une mésentente, même si celle-ci aboutit à une rupture. Plutôt que de laisser l'adolescent en proie à son imagination et à un sentiment de culpabilité, il est préférable que le cheminement de la crise à la parole et à la décision soit visible et perceptible.

Le dégager de sa responsabilité

Il s'agit de le dégager de la responsabilité qu'il est prêt à endosser et de la culpabilité qu'il en retire : « C'est parce que je n'obéis pas, que je ne travaille pas bien, que je rentre tard le soir... » Il ne peut pas comprendre seul que les disputes de ses parents, même s'il en est le prétexte, ne sont pas directement liées à lui.

Les parents ont à assumer la rupture : « Ceci ne te regarde pas ; tu es d'accord ou pas d'accord ; nous ne pouvons pas faire autrement. » Il n'y aurait rien de pire, en effet, que de lui demander son avis ou de l'utiliser dans le conflit. Attention, nous distinguons cette attitude de celle qui conduit le juge – un tiers – à demander l'avis du jeune à propos des suites de la séparation. C'est une démarche d'une autre nature.

Dans le cas où la séparation est le fait d'une histoire amoureuse de l'un des parents, l'adolescent est renvoyé à une évidence – mes parents sont des êtres capables de relations sexuelles –, évidence dont nous avons évoqué plus haut la résonance.

Le droit d'aimer les deux

Si les raisons et la décision de la séparation appartiennent aux parents, il leur revient également de permettre à leur enfant de continuer à les aimer tous les deux. L'enfant n'a pas à se situer dans un camp ou dans l'autre, ami ou ennemi ; pour l'enfant, le couple de parents existera toujours. Il faudrait que la position paternelle ou maternelle soit dans tous les cas considérée comme nécessaire, même si le père et la mère ne vivent plus ensemble. Les conséquences des séparations sont liées à la capacité des adultes à laisser vivre à l'adolescent sa relation avec ses deux parents, dans le respect de la différence.

Au moment où l'adolescent se pose la question de ses propres choix amoureux, celui de l'un ou l'autre de ses parents peut accélérer un processus d'autonomisation. La constitution d'une nouvelle famille, l'éventuelle naissance d'un demi-frère (ou sœur) déclenchent chez chacun, selon sa propre histoire, des effets imprévisibles, effets qui ne sont pas forcément négatifs. Le jeune peut prendre conscience qu'il n'a pas sa place dans une nouvelle histoire, qu'il n'est plus un petit enfant et qu'il est temps pour lui « d'aller voir ailleurs ». Il s'éloignera d'autant plus facilement s'il a la certitude de conserver sa place dans l'esprit du parent qui a refait sa vie, si ce dernier ne le repousse pas au nom du souvenir d'un échec passé, souvenir qu'il souhaiterait effacer avec l'illusion de pouvoir tout recommencer à zéro.

Les liens affectifs ne dépendent pas directement du temps plus ou moins long passé avec l'enfant. On le constate avec ses propres parents, dans la relation d'adulte qu'on entretient plus tard avec eux. Aucune place n'est facile à occuper, qu'il s'agisse d'assumer la vie quotidienne avec son cortège d'obligations, ou de se situer hors des préoccupations ordinaires, dans le temps du week-end ou des vacances.

L'adolescent doit pouvoir se reposer de manière différente sur ses deux parents ; il compte sur eux pour certains aspects de sa vie, sur l'un ou l'autre selon les circonstances. L'insupportable serait qu'il se sente oublié ou rejeté par l'un ou par l'autre.

Comment finir le chapitre des générations sans évoquer la mort des grands-parents ? Celle-ci peut avoir un effet très douloureux pour l'adolescent, à la mesure de l'attachement qu'il avait pour son grand-père ou sa grand-mère. Mais, au-delà, l'adolescent est alors confronté à des parents qui pleurent leurs propres parents. Il découvre l'attachement que ceux-ci leur portaient. Il prend conscience, parfois pour la première fois, de l'intensité du sentiment filial. Par là, il peut ressentir à l'égard de ce qu'il vit une crainte en écho : « Et si moi, je les perdais, que se passerait-il ? »

Troubles

« Tout changement est inséparable
de la peur. »

L'adolescent représente dans la vie de chacun un moment exceptionnel. Une seule fois dans l'histoire d'une personne s'associent des changements physiques, psychologiques et sociaux : changements physiques importants, observables par le sujet lui-même et les autres, changements psychologiques influant sur les manières de penser, de ressentir l'autre et soi-même, changements sociaux, manifestés dans les relations interpersonnelles et les champs d'intérêt. À la différence de l'enfance ou de la vieillesse, où les évolutions se font de manière progressive ou partielle, l'adolescence est un bouleversement complet, en rupture avec la période précédente, même si elle se trouve dans son prolongement.

Cette mutation, qui peut se dérouler sur plusieurs années, sera gérée par le sujet lui-même, et par ceux qui l'entourent, parents et amis. L'importance des changements explique le trouble dans lequel est plongé l'adolescent, qui oscille entre la nécessité de se transformer et la peur qui en résulte (*cf. Besoins*, p. 35). Il convient de ne pas en banaliser les manifestations qui peuvent être d'intensité et de durée variables selon les personnes. En ce sens, le terme de « crise de l'adolescence » cache des comportements qui peuvent être des signes, des appels auxquels il est nécessaire de prêter attention, et que le temps « n'arrange » pas forcément.

Même si nous avons l'impression de les connaître pour les avoir vécus, il est utile de rappeler la nature de ces changements et les effets qu'ils entraînent. L'objectif est de mieux comprendre pour mieux prévenir d'éventuels dérapages, afin d'éviter des attitudes génératrices de souffrances.

Des transformations multiples

La transformation du corps (forme, poids, taille) et des organes sexuels constitue le changement le plus apparent, que tout l'entourage de l'adolescent s'accorde à reconnaître (*cf. Transformations*, p. 15). Le sujet n'est plus le même, ni pour lui-même ni aux yeux des autres. Cette métamorphose physique fait qu'on a toujours assimilé l'adolescence à la puberté, qui est une notion physiologique. Récemment, le concept d'adolescence s'est élargi aux aspects psychologiques et sociaux.

Sur le plan psychologique – le comportement d'un sujet et sa représentation de ce qui se passe pour lui et pour les autres –, l'adolescent remet en question les références de son enfance : sa dépendance et son admiration à l'égard de ses parents. Il ressent le besoin de se responsabiliser et de s'affirmer, au moment où il prend conscience des limites de ses parents. Ceux-ci sont des êtres humains avec leurs qualités et leurs défauts qu'on ne peut plus idéaliser.

C'est la problématique de l'adieu à l'enfance, où l'adolescent puis l'adulte qu'il espère devenir doit renoncer à l'image parentale idéalisée. Il s'agit d'une perte des « objets infantiles », c'est-à-dire des souvenirs d'enfance, de la sécurité, de la protection, mais aussi de la confrontation à cette sécurité et à cette protection que ces souvenirs rappellent. Cette perte est ressentie par l'intéressé comme nécessaire, même si elle est douloureuse. On peut parler d'une période de deuil. Le terme de « deuil » fait en général référence à la perte de quelqu'un qu'on aime, mais, du point de vue psychologique, il s'étend à la perte de toute situation ou personne à laquelle on était attaché. La période du deuil se déroule en trois étapes : déni de la réalité (non, ce n'est pas possible), dépression liée à la prise de conscience, puis déplacement de l'intérêt vers d'autres personnes et d'autres idées.

À l'articulation entre le développement psychique et le développement physique se place l'énergie sexuelle. L'énergie physique, corporelle, qui permet des performances inaccessibles auparavant – y compris la capacité de relations sexuelles –, est distincte de l'énergie sexuelle au sens psychologique, en particulier au sens psychanalytique. La pulsion sexuelle est une composante fondamentale de la pulsion de vie, qui donne la force à l'être humain de combattre celle du renoncement, de l'impossibilité de vivre (pulsion de mort). Ces deux pulsions sont constitutives pour l'être humain, et durant toute son existence. La pulsion sexuelle préexiste à l'adolescence. Elle est en nous dès la naissance mais prend toute son importance à ce moment de la vie.

Les changements sociaux concernant la relation aux autres et les activités intellectuelles, sportives, de loisir, etc. L'adolescent s'éloigne du champ familial pour se tourner vers des personnes de son âge, différentes de celles qu'il côtoyait auparavant, et souvent inconnues des parents. Cette découverte se fait avec une arrière-pensée, celle de rencontrer l'autre sexe.

Un bain émotionnel

Toutes ces mutations sont vécues par l'adolescent, non seulement en termes de pensées, mais en termes d'affects et d'émotions, activés par ces changements. Son corps et celui de l'autre ne le laissent plus indifférent, comme son regard. L'adolescence est un bain émotionnel, où l'anxiété, l'angoisse, la peur, le cafard, la tristesse, la dépression, la honte et même le dégoût succèdent au plaisir, à l'exaltation, à la joie, à l'élation (sentiment de toute-puissance, identique à celui qui entraîne le jeune vers des conduites à risque sans qu'il les appréhende comme telles).

Le jeune se trouve dans une démarche active de recherche de liberté ; mais il ne peut encore renoncer totalement à son besoin de sécurité. Tous ces mouvements émotionnels se jouent dans le besoin et l'envie de nouveauté, et dans la peur de ce qui va arriver.

Les résistances au changement

Le changement est indissociable de la peur, d'où la nécessité pour le jeune de s'équiper de défenses, comme lorsqu'on avance en terrain inconnu. Celles-ci vont lui permettre de ne pas affronter directement ce qui risque de lui être désagréable ou de le faire souffrir. Ces processus psychiques échappent à la personne, en ce sens qu'elle n'en a pas conscience, pas même l'intuition.

L'adolescent pourra utiliser les défenses qu'il connaît, déjà expérimentées dans l'enfance : l'oubli, le refoulement, le déplacement, c'est-à-dire la capacité de reporter une émotion sur une représentation moins dangereuse pour la conscience. Des défenses nouvelles surgissent. L'intellectualisation, la possibilité de faire fonctionner son esprit à propos de ce qui est nouveau, peut aller jusqu'à un excès : la rationalisation. La pensée devient obsédante, elle agit comme un mécanisme défensif contre les émois affectifs profonds.

Dans l'ascétisme, le sujet prend peur devant les besoins nouveaux de réalisation sexuelle, de stimulation, d'excitation. Il se protège par des conduites, caractérisées par des exigences personnelles très importantes et qui ont pour but de contrôler tous ses désirs. Certaines de ces conduites peuvent devenir pathologiques, comme dans le cas de l'anorexie mentale.

La mise en actes, l'« agir », relève dans certains cas de processus défensifs. Certaines actions sont l'expression de pulsions et d'envies nouvelles. Mais il existe des manières d'agir qui sont au contraire une protection contre un sentiment désagréable. L'acte court-circuite l'affect. On passe à l'attaque, y compris contre son corps. La tentative de suicide est une mise en acte extrême, qui permet d'échapper à la pensée douloureuse.

Au même titre, l'isolation constitue un recours pour éloigner le conflit intérieur. En coupant ses pensées de ses sentiments, on s'isole de ce qu'on ressent. Ce qui se traduit pour le sujet par une froideur à l'égard de ce qui lui arrive, ou bien il fait la tête, boude. C'est une façon de contenir la souffrance psychique, de se protéger.

Tous les troubles que l'on vient d'évoquer accompagnent les étapes nécessaires au développement de l'être humain. On doit les retrouver plus ou moins tôt, plus ou moins forts chez l'adolescent. L'absence de ces transformations et de leurs effets, ce que certains appellent une « adolescence blanche », constituerait une pathologie.

Le travail d'analyse avec des sujets adultes montre comment certaines étapes – notamment le travail de deuil de l'enfance – qui n'auraient pas été franchies pendant l'adolescence freinent la personne dans son évolution.

Une démarche de prévention est fondée sur la vigilance des adultes qui entourent le jeune. Entre « trop » et « pas assez », des clignotants vont s'allumer, tels des indicateurs de santé. Entre le normal et le pathologique, il suffit parfois d'un glissement. Savoir reconnaître, être attentif sont des attitudes qui permettent d'éviter que ne s'enkystent des difficultés qui, relevées à temps, ne seront sans doute que passagères.

La peur de changer

On pourrait distinguer deux groupes d'adolescents : ceux qui, en raison de leur milieu familial et social, sont préparés aux changements provoqués par la puberté, même s'ils ignorent certains aspects sur lesquels les angoisses risquent de se focaliser ; d'autres, moins nombreux il est vrai, qui ne savent pas ce qui va se passer, soit parce que des problèmes de survie se posent de manière aiguë et font passer l'adolescence au second plan, soit parce qu'un déficit ne leur permet pas d'avoir une connaissance intellectuelle des événements de la vie.

La méconnaissance de l'arrivée pubertaire pour les parents tient aux mêmes difficultés, auxquelles on peut ajouter parfois un refus actif inconscient, ou encore un désintérêt à l'égard de leur enfant. De la part des adultes, même parmi ceux qui se souviennent ou connaissent ces transformations, il n'est pas rare d'observer un relatif déni les concernant. On le sait, mais on n'en parle pas trop.

Des manifestations tangibles

On constante, d'un point de vue général, que l'être humain est attiré par le changement et la nouveauté alors que le facteur d'inconnu qui s'y associe devient source de stress ou d'anxiété. Quel que soit son âge, personne n'échappe à cette situation. L'anxiété se manifeste par une activation physique et psychologique, une forme d'adaptation qui permet de faire face à l'inconnu. Mais tout est dans la mesure. L'absence totale d'activation face à un élément nouveau est le signe d'une inadaptation, au même titre d'ailleurs qu'une trop forte réaction.

Quand nous rencontrons une situation inédite ou lorsque nous l'anticipons, notre corps s'active : le pouls s'accélère légèrement, la tension artérielle augmente, tout comme la réactivité de la peau ; d'autres phénomènes pourraient être décrits à l'intérieur du corps. Ces réactions sont constitutives de l'être humain, elles n'ont pas toutes la même durée ni la même intensité.

La réaction psychologique qui les accompagne permet d'évaluer la nouvelle situation et d'y répondre. Les effets de l'activation psychologique précèdent les effets de l'activation physiologique. Ainsi, par exemple, lorsque sur une route surgit brusquement un obstacle, on cherche d'abord à l'éviter en tournant le volant et ensuite seulement on ressent la peur. La machine mentale a eu des effets qui ont précédé ceux de la machine physique. Et ceci est vrai pour toute situation de changement.

Par définition, l'adolescence est une période de la vie où des modifications profondes vont survenir de façon répétée dans les différents domaines qui concernent le sujet. En principe, à l'adolescence, ces réactions sont à leur maximum. Un adolescent dont le corps se transforme et qui ne se trouve pas activé physiquement et psychiquement par ce phénomène – c'est-à-dire qui ne présente aucun signe d'anxiété – ne traduit pas sa tranquillité face au changement, mais bien souvent sa difficulté à le voir s'effectuer. D'une manière inconsciente, il le repousse loin de lui et se comporte comme si rien ne se passait.

À l'inverse, l'adolescent très anxieux manifeste qu'il ne trouve pas de solution pour faire face à ce qui lui arrive. Trouver la réponse atténue l'activation physique et psychique. Reprenons l'exemple de la voiture : si celle-ci glisse sans que le conducteur, malgré toutes ses tentatives, puisse en contrôler le dérapage, l'activation croît. Et elle décroît dès que la solution est trouvée. Dans le cas où aucune solution ne se présente au sujet, quel que soit son âge, après une phase d'hyperactivation, de recherche et d'anxiété grandissantes, celui-ci abandonne. Il se dit en lui-même qu'il n'a aucune capacité de réponse et il renonce. Face à cette impuissance, la dépression, c'est-à-dire le sentiment permanent d'être incapable de faire face à la situation, risque de survenir.

Des adolescents sur la défensive

Dans les différents domaines de la vie relationnelle ou physique, des réactions nuancées se produiront selon les tendances qui nous animent. Ceci est vrai dès l'enfance. À l'adolescence, certains traits s'accusent. Des qualités d'attention aideront les adultes à distinguer chez le jeune ce qui concerne des différences de caractère ou de personnalité de ce qui relève d'une manifestation inquiétante ou pathologique. Par exemple, à l'âge où tout ce qui est du domaine de la séduction entre garçons et filles est une préoccupation quotidienne, on rencontre cependant des garçons et des filles qui affirment que « cela ne les intéresse pas ». Non qu'ils refusent par discrétion de parler de leur vie personnelle, mais vraiment ils ne semblent pas concernés. Par ce déni, ils se défendent de cette évolution, qu'ils ne peuvent malgré tout empêcher.

Autre exemple, à un degré plus préoccupant : alors que les sorties et les copains ont une importance prépondérante, on observe des garçons et des filles qui ne sont pas du tout stimulés par ces nouvelles activités. Ils préfèrent la compagnie de leurs parents, prétendent qu'ils n'ont pas envie de sortir avec les jeunes de leur âge. Ce n'est pas chez eux le signe d'une maturité précoce ou d'une sagesse exemplaire, mais plutôt la manifestation de la difficulté de grandir. De manière inconsciente, ces jeunes refusent d'investir face aux changements qui se produisent en eux.

Retenons que, lorsque des mutations profondes s'effectuent et que face à la nouveauté rien ne change, sans doute l'absence de réaction doit-elle être prise au sérieux.

Le calme et le désintérêt

Ne confondons pas. Il faut distinguer ce qui est de l'ordre du calme que peut manifester un adolescent, et ce qui relève du désintérêt. Une attitude attentive à l'égard de l'adolescent ne permet pas de confondre longtemps les comportements qui résultent de l'une ou de l'autre attitude. Le calme, c'est la bonne gestion de l'activation, le signe qu'elle n'est pas excessive, c'est-à-dire qu'il n'y a pas de conflit ni de rupture exagérés. À l'opposé, le désintérêt consiste à nier ou à ignorer qu'il se passe quelque chose. Les enseignants font très vite la différence après quelques semaines de travail.

Bien sûr, la personnalité entre en ligne de compte, et elle se manifeste dès l'enfance. Après une sortie, certains, par exemple, resteront silencieux. Ils auront besoin de beaucoup de temps pour raconter, analyser leurs impressions. D'autres se précipiteront, parleront d'abondance, sollicitant la discussion. Il s'agit là de traits de caractère. Certains adolescents sont expansifs, d'autres plus intériorisés.

On retrouve cette variété de conduites dans les manifestations physiques, dans l'habillement, dans le soin que l'adolescent consacre à son corps. Là encore, il faudra distinguer un comportement de négligence du comportement de celui qui se donne un genre négligé ce qui n'est qu'une attention particulière à soi-même sur un mode original. Toutes ces distinctions sont nécessaires. La psychologie humaine est faite de différences qu'on ne peut pas ignorer.

Une trop grande nervosité

À l'inverse, il peut se produire des manifestations d'hyperactivité, tant dans le domaine relationnel que corporel : autour de l'adolescent, les amis se succèdent sans qu'il puisse s'attacher ; ou, dans un autre registre, il change de vêtements très souvent, il se regarde sans cesse dans la glace, n'est jamais content de son corps ; il est angoissé, il avance par essai/erreur de manière compulsive. Sous une apparence très active, il est en fait très anxieux. Certains vont jusqu'à abîmer leur corps par des régimes, des mutilations, des tatouages. Autant de

ACCIDENT

Le caractère fluctuant de l'humeur chez les adolescents les rend vulnérables : la succession rapide d'exaltation et de dépression, d'enthousiasme et de morosité peut être responsable d'impulsions les mettant en danger. L'accident, qui paraît un fait objectif et imprévisible, masque souvent des comportements ambivalents. Il peut constituer un moyen de souffrir chez des sujets ayant tendance à se punir eux-mêmes. Résulterait-il d'un compromis inconscient entre désir de mort et désir de vie, et traduirait-il ainsi des pulsions contradictoires (par exemple, lors d'un accident avec une voiture volée), alors qu'une tentative de suicide marquerait au contraire un aveu franc de conflit ?

Dans les statistiques de mortalité, il est probable que sont classés avec les accidents un certain nombre de décès survenus dans des circonstances où l'intention n'était pas claire. Il ne faut pas oublier que la mort pour les adolescents paraît si peu réelle et si éloignée de leur âge qu'elle leur semble réversible.

gestes excessifs qu'ils regrettent parfois amèrement quelque temps après.

Des réponses d'ajustement

Ces deux comportements extrêmes traduisent la difficulté pour l'adolescent à ajuster ses réponses aux changements qui s'opèrent en lui. Pendant cette période, son travail intérieur va consister à chercher un équilibre entre les activations dont il est le sujet et la recherche des réponses qu'il peut y apporter. Cet ajustement, qui consiste à chercher des solutions adaptées aux problèmes qui se posent, s'effectuera aussi bien sur le plan physique que sur le plan psychique. La plupart du temps, tout se passe naturellement. La difficulté survient quand les adultes qui l'entourent et l'adolescent lui-même ne trouvent pas de réponses aux activations. C'est l'absence de solution personnelle ou interpersonnelle qui met le jeune en danger. L'adolescent se livre peu, est souvent réticent à se laisser approcher ; le regard attentif des adultes permettra de différencier ce qui est banal de ce qui est inquiétant.

La recherche des solutions

Face aux problèmes que tout un chacun peut rencontrer, il n'existe aucune solution toute faite. Chaque adaptation ne peut être que le fruit d'une recherche qui tient compte tant des éléments personnels que des facteurs extérieurs, s'appuyant sur une connaissance spontanée ou acquise du développement de l'être humain. Dans le cas d'un redoublement scolaire par exemple, il ne s'agit pas de répondre « pour » ou « contre », mais de faire intervenir divers éléments tels que l'opportunité d'un changement d'école, l'internat ou l'externat, les cours particuliers, etc. Répondre trop vite, c'est répondre de manière parcellaire. En fait, il n'existe pas une solution, mais des solutions à des situations complexes. Souvent, les difficultés surviennent lorsque l'on ne tient pas assez compte de la complexité des situations. Les affirmations telles que « C'est un problème de drogue », « Il ressemble à son père », « Tout le monde est passé par là », « Il doit partir en internat » constituent des réponses trop simples. Élargir le champ permet de réfléchir à tous les aspects de la situation. Et alors seulement dans un deuxième temps, il sera possible de la clarifier.

Ainsi, les parents et les éducateurs doivent-ils se garder de simplifier, et s'efforcer de prendre en compte des paramètres diversifiés. Paul Valéry l'exprime ainsi : « La science n'est pas de passer du compliqué au réductionnisme simple, mais de passer du compliqué au complexe compréhensible. »

L'appréhension de la vie sexuelle

Depuis Freud et la naissance de la psychanalyse, on sait que chez le jeune enfant les préoccupations concernant la sexualité sont déjà présentes. La sexualité, du point de vue psychanalytique, inclut les plaisirs liés au fonctionnement du corps. On évoque chez le bébé qui tète le plaisir de la succion, ou celui de donner/retenir lors de la défécation. Avec la puberté, les zones de plaisir sont regroupées dans l'ensemble génital. L'adolescent ne découvre donc pas la sexualité à cette époque de sa vie, mais plutôt le désir de réaliser sa vie sexuelle, puisqu'il en a la possibilité physique, ainsi que les interrogations et les peurs que ce désir soulève. Au cours de cette réflexion sur les « troubles », nous sommes amenés à privilégier cet aspect mais pour en limiter la dramatisation.

L'aménagement de la vie sexuelle est différent selon le sexe. Sans être trop caricatural, on peut avancer cependant que le garçon exprime volontiers le souhait d'accéder très vite à une relation sexuelle avec une adolescente. D'emblée, il affirme être prêt. La jeune fille, au contraire, n'obéit pas à une pression consciente immédiate. Elle préfère attendre et prendre le temps de tisser auparavant la relation amoureuse, dans une plus grande implication personnelle. Garçons et filles gèrent différemment cette nouveauté, ce qui introduit un certain décalage entre eux (les résultats d'enquête confirment ces phénomènes). Quand les jeunes s'expriment de façon spontanée, le garçon traduit ce comportement en affirmant : « Elle est un peu coincée », tandis que la fille maintient : « Je n'ai pas envie pour le moment. » La préparation mentale, relationnelle est différente selon les sexes. Cependant, la relation sexuelle est toujours associée de manière complexe à une envie et à une peur, sentiments également ressentis par le garçon et la fille, mais exprimés différemment.

Des craintes partagées

La première relation est autant désirée que redoutée. En général, la relation sexuelle est réussie quand l'adolescent(e) reconnaît avoir éprouvé du plaisir sans crainte excessive. Et quel soulagement d'avoir franchi ce pas ! La confiance en soi s'en trouve fortifiée, d'autant plus si l'acte sexuel était accompagné d'un sentiment amoureux. Les phases préliminaires, qui consistent à se connaître, à se parler, à savoir rire ensemble, offrent un temps qui favorise l'investissement de la relation. Quelques-uns peuvent éprouver des difficultés importantes, sous forme d'impuissance ou de frigidité, ou encore d'inhibition ; la dyspareunie ou le vaginisme marquent la présence de douleurs au moment de la pénétration. Mais ces phénomènes sont souvent reliés à d'autres craintes pus générales (conscientes ou inconscientes) avec lesquelles ils entrent en résonance, bien au-delà de la réalisation sexuelle : la peur d'être abandonné, la peur de ne pas « être à la hauteur », la peur de faire du mal ou de souffrir. La difficulté sexuelle prend alors la place d'un symptôme.

Mais la peur la mieux partagée – et, pourrait-on ajouter, d'une génération à l'autre – est la déception. La peur de décevoir et celle d'être déçu seront d'autant plus fortes que la relation sexuelle ne sera pas purement « utilitaire » (c'est le copain ou la copine d'un soir), mais s'accompagnera d'une vie amoureuse. Le garçon déçoit la fille (ou l'inverse) quand entre eux l'articulation et la rencontre n'arrivent pas à se faire. Cette inquiétude est au cœur de la relation amoureuse et sexuelle.

Dire ce qu'il faut, mais pas plus

Si la déception survient, l'adolescent se trouve relativement seul pour vivre cette situation. L'intimité, par définition, est un domaine qui s'exprime peu à l'autre. Les adolescents évoquent difficilement leur vie amoureuse devant leurs parents. Mais ils trouvent souvent auprès de leur meilleur(e) ami(e) la possibilité de parler de leur déception ou de leurs espoirs, de leurs passions. Il existe une grande solidarité entre garçons et filles ; parfois, seul l'ami de longue date est au courant et apporte son soutien. L'amitié permet de supporter les questionnements de la vie amoureuse.

DE L'INSOMNIE À LA DÉPRIME

Si les troubles de la conduite, considérés comme appartenant à la sphère du comportemental – donc de l'« observable » –, ont fait l'objet de multiples recherches épidémiologiques, les symptômes somatiformes (qui expriment une souffrance au niveau du corps), considérés comme « subjectifs », ont fait surtout l'objet d'études cliniques, psychologiques ou médicales. Pourtant, à terme, ils peuvent conduire à des comportements « à risque » tels que la prise de médicaments psychotropes, la tentative de suicide ou les troubles des conduites alimentaires.

Parmi les symptômes somatiformes possibles, on a étudié les suivants : les réveils nocturnes, la nervosité ressentie, la déprime et les idées de suicide.

Les troubles du sommeil sont présents précocement et ont très nettement augmenté depuis dix ans chez garçons et filles. Ainsi, en 2003, 33 % des garçons âgés de 12-13 ans et 41 % des filles du même âge disent se réveiller régulièrement (souvent ou assez souvent) la nuit, alors qu'ils n'étaient « que » 18 % (garçons comme filles) en 1993. Comme en 1993, ces troubles augmentent avec l'âge chez les filles seulement et passent de 41 % (à 12-13 ans) à 57 % (18 ans et plus). Chez les garçons, ces troubles évoluent peu avec l'âge.

La fréquence d'une « nervosité ressentie » est citée par 26 % des garçons et 33 % des filles avant treize ans, elle est ressentie par près de 4 garçons sur 10 de dix-huit ans et par près de 7 filles sur 10 du même âge. Dès treize ans donc, les filles se disent nettement plus nerveuses que les garçons et les filles actuelles (2003) plus que les filles d'il y a dix ans... Cette augmentation peut-elle expliquer une plus grande vulnérabilité face aux situations de stress ou de contrainte ?

Tout comme la nervosité et le sommeil, la déprime ressentie a augmenté. Actuellement, dès treize ans, plus d'un garçon sur 7 et une fille sur 5 se dit fréquemment « déprimé ». Ce sentiment de dépressivité apparaît donc actuellement plus précocement. Dès seize ans, plus de la moitié des filles se dit souvent déprimée...

Les troubles corporalisés des adolescents

Par âge et sexe (en %)

Sexe	Garçons				Filles			
Âge	< 13	14-15	16-17	18	< 13	14-15	16-17	18
	%	%	%	%	%	%	%	%
Assez souvent ou très souvent :								
Réveils nocturnes (1993)	18	15	14	15	18	21	23	31
Réveils nocturnes (2003)	33	32	32	33	41	49	56	57
Assez souvent ou très souvent :								
Nerveux (1993)	24	29	37	38	27	45	53	59
Nerveux (2003)	26	31	38	43	33	49	63	71
Assez souvent ou très souvent :								
Déprimé (1993)	7	8	12	13	12	26	29	32
Déprimé (2003)	14	18	25	30	22	39	52	53

Sources : Enquête nationale auprès de 12000 jeunes, Inserm, U 472 (Choquet, Ledoux), 1993 ; Espad 2003, Inserm (Choquet, Hassler, Morin) & OFDT (Beck, Legleye et Spilka), en collaboration avec le ministère de l'Éducation nationale.

Parfois, entre parents et adolescents, existe une connivence à propos de la vie amoureuse (souvent entre la mère et la fille). Cette proximité doit être maintenue dans certaines limites. Elle peut facilement devenir excessive si elle ne respecte pas l'intimité dont l'être humain a besoin dans ce domaine. Les parents doivent se méfier de ne pas s'intéresser trop à la sexualité de leur adolescent. Certains cherchent à savoir qui, quand, comment, s'amusent, voire « s'excitent » dans une démarche presque inquisitrice, qui risque de devenir, sur le plan psychique, intrusive.

Il ne convient pas d'anticiper les questions, sauf sur des aspects extrêmement concrets, qui sont ceux de la protection et de la santé. Les parents ont un devoir qui est de faire en sorte que l'adolescent prenne soin de lui-même, de son corps : contraception, prévention contre les maladies, protection contre une vie sexuelle trop dispersée. Mais il existe un seuil qui ne peut être franchi par les parents. La ligne de conduite serait de dire ce qu'il faut à l'adolescent pour qu'il se prenne en charge, mais pas plus. Par exemple, dans les circonstances actuelles, on sait qu'un préservatif doit toujours être utilisé, même dans une relation durable. Le rôle des parents est de le dire, et de ne pas faire plus.

En fuite de l'autre sexe

Il existe différents types d'homosexualité dont certains sont très précoces ; nous ne les évoquerons pas dans le cadre de cet ouvrage. Certains choix homosexuels transitoires sont liés au processus d'identification : afin de mettre à distance l'agressivité qu'ils ressentent à l'égard du parent du même sexe, ils adoptent une attitude inverse de soumission. D'autres comportements du même type peuvent être interprétés comme des suites d'échecs et de peurs liés à la première expérience. Certains adolescents qui se confrontent à une déception trop forte lors de leur première relation amoureuse peuvent s'orienter, en réponse, vers l'homosexualité. Ces garçons et ces filles se disent bisexuels, ils sont « attirés par » ; ils ne se sentent pas homosexuels, ils sont en fuite de l'autre sexe.

Face à cette situation, les parents se sentent en général culpabilisés et angoissés. Il faut savoir que ces pratiques intermittentes n'inscrivent pas l'adolescent dans un destin homosexuel, et d'autant moins si ce vécu peut être dédramatisé. Certains parents ne l'acceptent pas et refusent cette situation tant ils la ressentent comme insupportable, anormale. Ils préfèrent l'ignorer, ne pas s'en rendre compte. Pourtant, même si le sujet est délicat à aborder, il faut certainement essayer d'en parler avec le jeune. Celui-ci recevra cette tentative avec soulagement, car le silence de ses parents face aux difficultés qu'il éprouve peut être ressenti par lui, inconsciemment, comme un abandon.

•••• Contrepoints

Dois-je lui en parler ? Comment ? Attendre demain ? Téléphoner tout de suite à son père ? Se mettre en colère ? Rester silencieuse ? Lancer une allusion ? Y aller franchement ? Demain ? Surveiller sans rien dire ? Dire et ne rien surveiller ? Parler à son professeur ? L'inviter en tête à tête ? Aller la (le) chercher au lycée ? Attendre qu'elle (il) rentre ?

Avec qui ? À quel endroit ? Jusqu'à elle heure ? Danserez-vous ? Tu emmènes quelque chose ? Veux-tu que j'aille te chercher ?
Où fallait-il s'arrêter ?

Le désir d'attendre un enfant

La mise en acte de la sexualité s'accompagne pour certaines adolescentes du désir de maternité. Ce n'est pas toujours un désir conscient car on compte des « accidents », des grossesses non désirées, malgré le niveau d'information et de connaissance dont disposent en général les jeunes d'aujourd'hui.

Quand le garçon dit à la fille : « Je voudrais un enfant de toi », c'est un choc, une surprise pour elle, en même temps qu'une preuve d'amour. Dans le cas inverse, le garçon peut aussi être flatté même si, en même temps, il a peur. Aujourd'hui, on constate, parmi les adolescentes qui expriment le désir d'avoir un enfant, la recherche d'une affirmation de leur personnalité, au-delà de la présence de leur ami. Pour elles, peu importe le père ; dans le projet, l'ami se trouve disqualifié car sont en jeu d'autres nécessités.

Par exemple, attendre un enfant, c'est devenir quelqu'un, avoir une raison de vivre en anticipant l'avenir. Ce souhait peut être accompagné, chez certaines adolescentes, d'une tonalité dépressive dans leur motivation. La grossesse devient, dans ce cas, une conduite pour lutter contre la dépression.

La découverte de la grossesse dans la famille et dans l'environnement est source de perturbations. La décision d'interrompre la grossesse, d'abandonner l'enfant ou de le garder est difficile à prendre. Derrière cet événement, c'est toute la difficulté relationnelle et d'identité qu'il convient de prendre en compte.

Le trop-plein ou le vide

Certains adolescents, dans l'appréhension de leur vie sexuelle, se verront entraînés – sans pouvoir les contrôler – vers deux attitudes apparemment opposées : la relation sexuelle est vécue sans support affectif, mécaniquement, de manière presque provocatrice ; à l'opposé, elle est absente et conduit à une inhibition totale. Dans les deux cas, la relation se trouve « désexualisée », à travers un comportement débridé ou, au contraire, de refus. Face à ce constat, les parents s'inquiètent, à juste titre et dans notre contexte culturel, plus généralement pour les filles dans la première hypothèse, et pour les garçons dans la seconde. Le risque serait, en effet, de considérer la désinhibition sexuelle comme une preuve de maturité et l'inhibition comme la garantie d'une bonne éducation.

Menaces incestueuses

Un père trouve sa fille désirable, une mère se pâme devant son fils ; un adolescent ressent pour le parent du sexe opposé un attachement plus qu'affectif : ces attitudes sont normales et font partie de la vie mentale de tout sujet abordant cet âge de la vie ! À condition, cependant, que ces sentiments restent enfouis dans les pensées intimes de chacun, et ne se transforment pas en attitude de séduction sexuelle.

Il faut bien distinguer, en effet, ce qui est de l'ordre du fantasme inconscient, ou du moins non exprimé par chacun, de la réalisation incestueuse, acte médico-légal relevant de la médecine et surtout de la justice. On peut en effet considérer comme pathologique, et du ressort de l'autorité judiciaire, la réalisation de comportements incestueux dont les conséquences, par le fait même qu'ils sont « agis », marquent la vie concrète du sujet et engagent l'avenir familial et individuel de l'adolescent.

Dans le premier cas, nous nous trouvons dans le registre profond, non exprimé, de la vie psychique de tout individu ; dans le second, dans celui d'un franchissement de la limite. Mais la frontière n'est pas toujours aisée à définir, et tout parent se doit d'être informé de cette tendance naturelle, de manière à savoir opposer à une attitude parfois provocante – mais le plus souvent inconsciente – de son fils ou de sa fille une distance et une retenue, qui relèvent tant de la morale éducative que de la connaissance de la psychologie humaine. Lorsque les adolescents sont eux-mêmes confrontés à des parents excessivement séducteurs – si ce n'est davantage –, ils courent un danger. Soit ils se sentent capables de trouver en eux-mêmes les ressources nécessaires pour mettre à distance cette excitation intrusive, non seulement affective mais concrète, à laquelle ils sont confrontés, soit ils exercent la possibilité de recourir à des tiers (services sociaux ou médicaux, instances juridiques...) dont l'existence doit leur être signalée. Le parent témoin a lui-même le devoir d'intervenir.

Ces différents troubles susceptibles d'affecter l'adolescent au moment des premières expériences amoureuses, s'ils ne sont pas définitifs pour l'orientation future du jeune dans la conduite de sa vie affective, impriment cependant des traces plus ou moins profondes, et à ce titre méritent toute l'attention des adultes.

Le manque de confiance en soi

« Il (ou elle) n'a pas assez confiance en lui (en elle) ! » La confiance en soi fait partie de la psychologie du sens commun, comme le montre cette référence très souvent exprimée dans la vie quotidienne.

Avoir confiance en soi, c'est se sentir capable de résoudre un problème qui se pose, sans angoisse excessive, et sans développer de manière trop envahissante une représentation négative de la vie. La confiance en soi définit un trait stable ou variable de la personnalité, selon les situations rencontrées.

Des alternances d'excès

À l'adolescence, la confiance en soi est très souvent remise en question par le développement normal de l'individu, mais également par la nouveauté des situations vécues. Dans la plupart des cas, on constate des écarts assez spectaculaires, l'adolescent oscillant entre une trop grande confiance en lui et une

• • • • Contrepoints

« Mais elle a quinze ans et toi seize ! Il n'y a pas d'urgence pour partir trois jours en tête à tête ! » Elle se répétait la phrase en montant les escaliers. Il fallait être ferme et interdire ce départ. « Rémi, je m'inquiète. » Elle le happe. Il lui fait face. « Rassure-toi, Maman, c'est déjà fait. » Elle s'est assise sur le bord de son lit.

Quand la mère a passé l'aspirateur entre les piles de livres et les feuilles étalées, la bouteille a roulé jusqu'à ses pieds. Une bouteille vide. De l'armagnac.
Elle a lâché l'aspirateur.

inquiétude absolue concernant ses propres capacités. La confiance en soi, comme dimension de la psychologie humaine, ne sera jamais totalement constante, ni totale tout au long de l'existence, sauf justement en cas de pathologie. Si elle est ressentie de manière permanente et excessive, elle devient le signe d'une paranoïa, qui se définit au sens médical et psychologique par une confiance délirante en soi, accompagnée du sentiment que ses propres pensées sont toujours valides et celles des autres irrémédiablement fausses. À l'opposé, quand la confiance en soi fait défaut et se traduit par une incertitude constante et massive dans ses capacités, elle manifeste une dépressivité chronique.

Il n'empêche que certains adolescents présentent incontestablement une fragilité concernant cette dimension de la psychologie humaine.

Il semble que celle-ci puisse être attribuée à des expériences précoces, traumatisantes. Pour ce qui concerne les dépressions sévères, des vulnérabilités physiologiques sont à prendre en compte. Il n'est pas rare de retrouver ce trait de caractère dépressif chez l'un des parents.

Le plus souvent les parents d'adolescents vont être confrontés à des alternances naturelles d'excès. Ils auront à apporter des réponses toujours modulatrices, tempérantes pour les uns, stimulantes pour les autres. Face à un adolescent dont les parents perçoivent un manque constant de confiance en soi – et ceci quelles que soient les situations (scolaires, sportives, amicales) –, mieux vaut revenir aux événements auxquels l'adolescent a déjà su répondre positivement, afin de lui montrer que cette généralisation est abusive. Aux « Je n'y arriverai pas », « Je ne peux pas », il est inutile d'essayer de le convaincre par des « Ce n'est pas vrai », « Tu exagères », propos auxquels le jeune ne peut adhérer et qui risquent même de l'entraîner dans une spirale négative. De la même façon, lorsqu'un adolescent fait part de sa satisfaction après un succès, il est recommandé de lui demander « Es-tu content de ce que tu as fait ? » plutôt que de s'exclamer « Je suis content ! » On lui permet ainsi de comprendre que l'on a entendu ce qu'il dit, en l'invitant à aller plus loin dans son récit, tout en reconnaissant en lui l'origine de cette réalisation.

La vulnérabilité à la déception

Il existe de la part des adolescents une attitude spontanée qui les conduit à nourrir l'impression qu'ils peuvent tout faire, le mieux possible, à tout instant. En regard, il y a les parents qui, dans une attente naturelle, espèrent beaucoup plus de leurs enfants que ce qu'ils pourront raisonnablement recevoir. Ces attentes se renforcent l'une l'autre et provoquent bien souvent des déceptions à la mesure des idéaux. La déception se situe dans l'écart entre l'attente et la réalisation, la première pouvant être démesurée et la seconde insuffisante. Or l'adolescence est l'âge où l'attente est excessive, et le milieu de la vie le moment où les adultes prennent conscience pour eux-mêmes de la différence entre ce qu'ils auraient souhaité réaliser et ce qu'il leur est possible de faire (*cf. Générations*, p. 77).

Cette résonance entre le jeune et son parent peut devenir source de difficulté si l'adulte n'a pas le souci d'ajuster son comportement. Si cet écart n'est pas suffisamment pris en compte ou, pour des raisons diverses, s'il est maintenu ou intensifié, la dépression risque de surgir chez l'adolescent, qui se vit alors comme incapable ou impuissant face à l'événement ou à la situation. Cette incapacité ou cette impuissance l'envahit totalement, au détriment de toute énergie créative.

Le traitement de ces difficultés s'appuie sur la durée. Le temps nécessaire pour « inverser la vapeur » sera proportionnel à celui qu'il a fallu pour que le sujet arrive à cette pensée d'insuffisance et de manque de confiance en soi. Les progrès se remarqueront d'autant plus vite que cet obstacle sera appréhendé précocement.

Des clignotants qui s'allument

Comment faire la part entre ce qui est de l'ordre du développement normal d'un adolescent et ce qui est de l'ordre des « troubles » et qui nécessite un avis extérieur ?

L'intensité des comportements, leur répétition et leur durée constituent des critères objectifs. Par exemple, lorsque la tristesse, la bouderie ou l'isolation s'installent de manière continue pendant une période de plusieurs semaines ou de plusieurs mois, et que se manifestent des effets physiques (troubles du sommeil, de l'alimentation, difficultés scolaires ou relationnelles...). Si les parents sont attentifs, ils sentent, par une communication intuitive et non exprimée, que « quelque chose ne va pas ».

Chaque être humain normalement constitué possède une tolérance limitée à une gêne excessive à l'égard de ses propres comportements ou de ceux d'autrui. Cette gêne est le repère le plus subjectif mais en même temps le plus concret de la pathologie. Elle est en partie variable selon le contexte, le milieu de vie dans lequel chacun évolue. Mais en partie seulement, car la fixité du trouble doit mettre les adultes en alerte. Identifier la difficulté constitue une première étape mais ne suffit pas. Il convient d'en découvrir le sens et de reconnaître que ce comportement puisse être l'origine d'une demande d'aide. Et l'objectif est de réussir à y répondre. Quand « quelque chose » ne va pas, il faut essayer de parler. Si on se heurte à un refus, un tiers extérieur sera peut-être mieux perçu. On peut aussi consulter pour soi-même. La parole est un acte de prévention.

Amours

« Sentiments, sexualité…
un ensemble. »

Dans l'espèce humaine, à partir du moment où le corps devient sexué, sentiments et sexualité sont indissociables – même si, par pudeur, crainte ou déni, l'un semble tenu à l'écart au profit de l'autre. On courrait un grand risque à penser l'un sans l'autre.

Dans cet ouvrage, il convient également de se garder d'une approche trop simplifiée où il serait possible d'évoquer la sexualité et ses risques, comme les adultes peuvent en avoir parfois la tentation à l'égard des adolescents, en mettant de côté l'affectivité. Serait-il donc plus aisé de parler aujourd'hui de sexualité que de sentiments ?

Richesse et danger

Richesse et danger, tels sont les deux versants qui caractérisent le sentiment, état affectif complexe qui relie à l'enfance, au corps, aux autres. Il tire le sujet hors de lui-même. Par conséquent, le sentiment produit un double effet : source d'élargissement des sensations et des pensées, de consolidation de soi et, en même temps, de danger potentiel. En effet, il fait sortir de soi et avancer en terrain nu. Au-delà de ses frontières, que risque-t-on de découvrir de soi-même ? Quelle emprise les autres vont-ils alors exercer sur ce qui échappe au contrôle de soi ? Paradoxalement le sentiment constitue une menace pour l'autonomie, et l'adolescent, tendu vers cette conquête, ressent le risque lié à cette expérience.

Tout sentiment s'inscrit dans un ancrage corporel, manifesté par les émotions. À travers certains sentiments très sublimés, le corps s'éloigne plus ou moins. Mais la plupart du temps, celui-ci manifeste la perte relative de contrôle de soi : l'empourprement des joues montre l'embarras provoqué par le plaisir ou le déplaisir. L'apparition de rougeurs, l'accélération du rythme cardiaque, le malaise en sont le signe. Le débordement inquiète l'adolescent, le sien comme celui de l'autre. Il peut redouter de l'adulte qu'il ne puisse se maîtriser Il est mal à l'aise devant ses parents qui rient, trop, trop fort, qui pleurent, comme si les adultes devaient fournir la preuve que l'on peut tenir ses sentiments au loin, en refusant d'être affecté. Il ressent une intolérance à cet excès qui le renvoie à la crainte de ne plus être maître de ses propres sentiments.

Le cheval de Troie

Dans la mesure où le sentiment et ses manifestations émotionnelles provoquent une certaine dépendance à l'égard d'autrui, l'adolescent est confronté à une situation qui risque d'être associée dans son esprit à un état d'enfance qu'il peut juger infantile, associant affectif et infantile. D'une certaine manière il est relié à ce qu'il a vécu à cette époque. Or il ne le souhaite pas, il veut grandir ! Ainsi, à certains moments, peut-il prendre peur et être tenté de tenir à distance ses sentiments, avec le risque de se couper d'une partie très vivante de lui-même.

L'état de désir vis-à-vis des autres met en présence les contradictions internes de chacun. Les sentiments et les émotions confrontent à la profonde ambivalence du désir : quand j'aime, je suis agacé d'aimer, de plus j'ai très peur que la personne ne me déçoive (ou que je la déçoive). En effet, les sentiments sont toujours mélangés, surtout à la période de l'adolescence. Bien souvent, ils sont ressentis comme conflictuels car ils contiennent à la fois de l'amour et de la haine. Et il n'est pas toujours facile de faire le partage ! Mais le sentiment donne aussi la force, le bouillonnement qui fait que l'on se sent exister. À condition de pouvoir tolérer cette puissance.

Ainsi, le sentiment soumet en partie aux autres. Il révèle le lien avec la personne investie et traduit la dépendance à son égard, car il existe en effet toujours une incertitude. Le sujet est pénétré par l'autre, qui prend les allures d'un cheval de Troie qui se serait introduit à l'intérieur de lui, comme un objet étranger.

Au lieu d'éprouver du plaisir à désirer, l'adolescent n'est sensible qu'au pouvoir qu'il donne à l'autre sur lui-même. Comment se libérer de cette prise de possession pour redevenir soi ? Faut-il s'interdire le désir ? Une solution radicale qui risquerait de provoquer l'étouffement !

La sexualité comme quête affective

La sexualité représente toujours une quête affective, qui va bien au-delà de la recherche du plaisir. Le cadre offert par la sexualité donne à l'adolescent un moyen de rencontrer chaleur et proximité, de se découvrir une nouvelle identité, de faire ses preuves hors de la famille, en s'éloignant du risque de régression.

Aujourd'hui, la spontanéité qui avait été rendue possible dans les rapports amoureux grâce à la pilule est gravement compromise. Pour la première fois, on découvre un risque mortel avec l'apparition du sida, dont on ne mesure pas encore totalement l'ampleur.

Un changement dans les modes de réflexion doit s'opérer, tant à propos de l'appréhension des comportements individuels que dans la manière dont la prévention doit prendre en considération le phénomène. Une chose est certaine : il faut sortir du débat moral qui ne fait que renforcer les uns et les autres dans leur opposition. Des réflexes nouveaux de prévention doivent s'acquérir. La conception de la « rencontre » chez les hommes et chez les femmes, jeunes et adultes, inclut actuellement ce risque majeur.

Une vieille histoire

Les émois amoureux ne sont pas une aventure contemporaine de la période de l'adolescence. Pour beaucoup de jeunes, le sentiment amoureux est une vieille histoire dont les premiers éclats se sont fait sentir dès la maternelle ! Il fait partie du déroulement de la vie affective qui a commencé dès la naissance.

Sur ce terreau, constitué de traces positives ou douloureuses, à partir de bases historiques individuelles ou collectives, va se dérouler pour chacun une manière de se laisser aller au sentiment amoureux, plus ou moins librement, plus ou moins légèrement ; et en résonance avec ce qui a été vécu par la génération précédente, rendant l'expérience positive, acceptable ou risquée aux yeux de l'entourage et, par voie de conséquence, à ses propres yeux (*cf. Générations*, p. 77).

L'ambivalence des sentiments

La redécouverte ou la découverte apparente – car ces expériences précoces ont pu être refoulées – des sentiments amoureux après la puberté est soumise à des mouvements ambivalents. Plaisir et crainte sont étroitement mêlés. L'attrait pour de nouveaux élans coexiste avec la peur d'être débordé. L'adolescent craint de perdre la maîtrise qu'il pensait avoir acquise pendant la période de latence. Il a recours alors à des mécanismes d'évitement, de banalisation, d'aplatissement de la réalité de ses émotions : « Les filles, je m'en fiche », « Les garçons ne m'intéressent pas. » Ou encore, il fuit dans les livres, ou s'étourdit dans la pratique sportive. Chacun tente de se protéger, à la mesure de l'intensité de l'intérêt ressenti !

Certains, au contraire, vont se laisser emporter par la passion sublimée ou à l'inverse par une sexualité précoce, sans tenir compte de l'évolution affective. Plonger dans la sexualité en se « débarrassant » par l'acte lui-même traduit une manière d'échapper à l'épreuve du temps, nécessaire pour pouvoir s'accepter et se reconnaître amoureux. Tous ces comportements marquent une difficulté dans la gestion des affaires affectives et sentimentales (*cf. Troubles*, p. 99).

Certes, la plupart des adolescents se situent entre ces extrêmes, mais on peut retrouver chez beaucoup d'entre eux, et de façon plus ou moins variable dans la durée, ces différents états : un grand amour d'un jour, une passion d'une heure, un désespoir d'une soirée !

Une conduite d'essais/erreurs

Les avancées se produisent par un certain nombre d'essais et d'erreurs : avoir craint de s'être trompé, avoir eu peur de réussir, s'être avancé d'un pas pour finalement fuir précipitamment... tous ces mouvements affectifs constituent peu à peu la personne et vont l'amener à se déterminer un peu plus ou un peu mieux dans le choix amoureux.

L'expérience doit être vécue par chacun. La vie amoureuse fait partie des expériences qui ne peuvent guère se transmettre. Chacun réinvente l'amour à sa façon, de génération en génération. Mais, en revanche, la manière pour les parents de manifester leur affectivité, de parler de leurs propres sentiments imprime la relation éducative et donne des indications à l'adolescent sur ce qu'il peut s'autoriser – ou non – à vivre. Dans telle famille, est-on capable de dire « Je t'aime », de glisser un mot tendre ? Dans telle autre, laisse-t-on entendre que l'expression du sentiment relève de l'interdit, de l'intimité la plus stricte ? Les garçons seront-ils autorisés à laisser paraître leur sensibilité, ou cherchera-t-on à les convaincre que les sentiments, « c'est pour les filles » ? Tout ceci, élaboré depuis seize ou dix-sept ans, constitue les bases sur lesquelles la rencontre amoureuse va survenir.

Exprimer l'indicible

Il peut être difficile pour l'adolescent de s'exprimer sur ces questions avec ses proches, sans avoir l'impression de livrer le plus intime de sa personne ou de trahir un changement en cours. Mais d'autres relais existent. Le « confident », l'« ami de cœur », à qui l'on se raconte, les journaux intimes, les poèmes aident à canaliser les émois et protègent des risques que représenterait la découverte de ces mouvements par l'extérieur.

Les activités littéraires ou artistiques permettent que se traduise ce quelque chose d'indicible en soi. À travers la lecture, on prend appui sur des personnages romanesques, afin de comprendre ce que l'on vit. La décharge brutale des sentiments peut être transformée en arc-en-ciel. Grâce aux œuvres d'art, à la littérature et à la culture propres aux adolescents, des sentiments nuancés, des personnages multiples se découvrent, personnages auxquels il devient facile de s'identifier. La voie est ouverte vers sa propre créativité, vers la découverte de soi-même.

À la découverte de l'autre

À l'adolescence, l'attirance que représente l'autre est source de difficultés. Il est déjà très difficile de se gérer soi-même ! En allant vers l'autre, ne risque-t-on pas de se perdre en chemin ? Et quel pouvoir l'autre sera-t-il tenté d'exercer s'il prend conscience de l'attente, voire de la dépendance qu'il suscite ?

Il existe un décalage entre les sentiments amoureux relancés par l'apparition de la puberté physiologique et la capacité à vivre l'affectivité. Mûrir prend plus de temps que grandir.

Si la relation à l'autre est jugée trop dangereuse, l'adolescent peut avoir tendance, pour un moment, à se replier sur lui-même, à nourrir des pensées autoérotiques (dont la masturbation peut être la conséquence), ou encore à se réfugier dans des pensées d'allure homosexuelle. Il existe de nombreux mécanismes qui expliquent comment l'autre du même sexe devient objet de pensées amoureuses ou sexuelles, qui ne peuvent être développés dans le cadre de cette brève présentation.

Le temps d'indétermination de la destination des désirs sexuels peut être plus ou moins long selon les personnes, il est en tout cas constitutif de la dynamique ordinaire de la construction de l'adulte. L'adolescent se cherche du point de vue de son image et de celui de ses choix sexuels. L'homosexualité, comme sentiment ou comme pensée, ne présente rien d'exceptionnel. Le danger est que les adultes figent d'un regard ou d'une parole ces mouvements imprécis d'un être en construction, qui suit un parcours encore aléatoire, et organisent ainsi une destinée qui n'aurait pas lieu d'être. L'homosexualité s'installe rarement à l'adolescence. Elle est en général la confirmation d'une construction psychique bien antérieure à la puberté ; ce qui n'exclut pas un passage à l'acte ponctuel.

Le discours sur la sexualité

Malgré les discours qui donneraient à penser qu'il est devenu facile pour la nouvelle génération de vivre et de parler de sa sexualité, le recours aux représentations romantiques semble encore plus fort aujourd'hui qu'il n'était hier. Les « bêtes sexuelles » cachent bien souvent des « fleurs bleues », et les adolescents n'échappent pas aux inquiétudes et aux tourments.

Bien souvent, en ne valorisant que le côté « sexuel » de la rencontre, les adolescents se dégagent de la dépendance provoquée par la demande affective dont ils sont porteurs. Sans le savoir, ils sont à la recherche de tendresse, mais ce n'est pas elle qu'objectivement ils revendiquent. Ils ne le pourront que plus tard. Ceci semble encore plus vrai chez les filles que chez les garçons. Celles qui se trouvent le plus en difficulté traduisent ce malaise dans un comportement de changement fréquent de partenaire. Ces jeunes filles, qui se sentent trop attachées à leur famille, sont à la recherche de contacts extérieurs susceptibles de leur apporter l'affection dont elles ne peuvent se passer. Les « copains » sont des substituts. En général, cette période est transitoire. Il existe cependant des risques, à cause de la dégradation possible de leur image, des dangers moraux et physiques.

Il n'est pas rare qu'une nouvelle période de latence de quelques années succède à ce passage mouvementé, avant de retrouver une relation à l'autre tout à fait différente.

Prendre en compte le sentiment

Sur un autre plan, les parents ont aussi à faire avec les discours établis – notamment sur la libéralisation des relations sexuelles – qui mettent certains en position de soumission idéologique. Souvent, ils n'osent dire ce qu'ils ressentent de peur de passer pour « ringards », mais ils n'en pensent pas moins.

Il serait souhaitable que le jeune connaisse les positions de ses parents, même s'il n'y adhère pas. Les discours objectifs qui

•••• **Contrepoints**

Aperçue depuis l'autobus, un soir en rentrant : la longue silhouette de son fils, penchée vers une autre, plus petite, en jupe rouge et tennis blancs. Ils s'embrassent.
Elle regarde le couple de tous ses yeux, d'abord en se baissant un peu, puis sur la pointe des pieds, la tête tournée, tournée vers l'arrière.

On s'était dit : on leur en parle. À table. En, famille. Les préservatifs. Au mot prononcé par le père, l'œil narquois des gamins.

Des heures au téléphone sans presque prononcer un mot.

se tiennent sur les préservatifs, par exemple, l'informent certes, mais l'inquiètent également par l'absence de prise en compte de la vie affective.

Il serait déplacé, voire gênant d'évoquer ses sentiments dans la vie amoureuse. Pourtant, il existe aussi des risques graves pour le jeune, à considérer cette part de la sexualité comme secondaire. Toute la constitution de la personne adulte dépend de l'harmonieuse combinaison de ces deux éléments. L'information objective ne suffit pas. Elle s'inscrit dans un ensemble humain. Les adultes seraient-ils donc plus à l'aise dans le discours technique ? Certes, il est difficile de trouver les mots adaptés pour traduire avec pudeur, et sans s'éloigner de la réalité, ce qui nourrit l'affectivité. Il revient à chacun de puiser dans sa propre expérience, dans ses émotions ou le souvenir qu'elles ont laissé. Sans pour autant parler de soi, il suffit de garder présente à l'esprit la place qu'occupent les sentiments dans une existence, et cette conscience ne sera pas sans produire des effets sur le dialogue avec le jeune.

Tout en abordant les risques

La question de la prise de risque dans la relation sexuelle est-elle plus importante aujourd'hui qu'hier ? Il existe, depuis l'apparition du sida, un nouveau contexte. Si les conséquences de certaines maladies sexuellement transmissibles, comme le risque de stérilité, peuvent porter atteinte aux potentialités futures des jeunes femmes, le sida, lui, est porteur de mort. On ne mesure pas encore l'impact de l'épidémie sur le comportement psychique, d'autant qu'elle est encore fréquemment ou en partie déniée. Mais, pour ceux des jeunes qui ne peuvent se construire qu'en s'opposant sur le mode ordinaire du conflit (*cf. Confrontations*, p. 59), il existe une tentation de résoudre leurs tensions sur le mode de la provocation et de la prise de risque.

La prévention doit tenir compte de ces problématiques particulières, sans oublier, comme le montrent les études épidémiologiques, qu'elle ne touchera les populations spécifiques à risque que si elle s'adresse au plus grand nombre. Les actions ciblées renforcent la marginalisation de ceux qui trouvent dans ces comportements un modèle d'opposition.

L'information en question

Si la prévention se focalise essentiellement sur le problème du sida, elle s'expose à un échec partiel. Elle doit s'élargir à l'ensemble des risques, qui touchent à la préservation du potentiel de procréation, à la prévention des maladies sexuellement transmissibles et à la contraception.

Certes, la séropositivité porte en elle, dans l'état actuel des connaissances, quelque chose d'irrémédiable, au-delà des limites auxquelles un jeune peut se confronter. Ses conséquences ne sont pas comparables à celles d'une maladie qu'il est possible de combattre, ou encore à celles d'une grossesse non désirée.

Des maladies sexuellement transmissibles

Une bonne information sur les risques liés aux maladies sexuellement transmissibles ne pourra faire l'économie – nous l'avons abordé ci-dessus – de la signification de l'acte sexuel par rapport au sentiment ; elle comporte aussi une approche de la notion de temps dans les risques encourus, dangers immédiats et séquelles à plus long terme.

Il ne sera pas dressé ici une liste exhaustive des maladies, nous en citerons seulement quelques-unes pour illustrer ce propos. Les maladies qui comportent un risque immédiat sont, entre autres, l'hépatite B et l'herpès. L'hépatite B est liée à un virus particulièrement résistant. Cette affection, qui se présente en général sous la forme d'une jaunisse, peut être asymptomatique. Le virus est présent dans le sang, la salive et les sécrétions sexuelles du sujet infecté. La transmission sexuelle est aujourd'hui le premier mode de transmission de l'hépatite B dans les pays développés. L'existence de partenaires multiples, d'épisodes de MST accroît le risque de transmission de l'hépatite B. Il existe actuellement un vaccin et la stratégie actuelle consiste à vacciner les personnes les plus exposées, en particulier les adolescents, pour les prémunir de cette affection qui peut passer parfois inaperçue, mais dont l'évolution peut être dramatique.

Certaines formes d'herpès sont asymptomatiques, d'autres se manifestent par des signes cutanés. Le traitement préventif repose avant tout sur l'absence de rapport chez les sujets qui présentent une poussée infectieuse. Les préservatifs restent cependant un moyen efficace de prévention en l'absence de toute symptomatologie.

D'autres infections sexuellement transmissibles existent, dont le diagnostic est en général relativement simple. Telle la mononucléose infectieuse qui reste une affection fréquente chez les adolescents. La « maladie du baiser » se transmet par contact direct, voies salivaires, ou par l'intermédiaire d'objets contaminés. Cette affection peut provoquer des troubles manifestes, mais elle ne nécessite, dans la majorité des cas, aucun traitement, la guérison spontanée étant la règle.

L'infection sexuelle à chlamydiae entraîne des complications à long terme. Par les risques de stérilité qu'elle représente pour la jeune fille, elle est un vrai problème de santé publique. Pendant un certain temps, la présence du germe peut être muette, rendant le diagnostic et les traitements trop tardifs. Sept à quinze pour cent des adolescentes ayant des rapports sexuels sont porteuses de ce germe. Ceci indique que l'absence de symptômes ne garantit nullement la sécurité. La seule façon de savoir que l'on est porteur du germe est de faire des examens bactériologiques réguliers à l'occasion des examens gynécologiques. La méconnaissance de cette infection est d'autant plus regrettable que les traitements sont très efficaces. On ne peut que rappeler l'intérêt d'un suivi médical et d'une surveillance de la contraception de la jeune fille.

La menace du sida

L'apparition du sida peut être considérée comme une menace fondamentalement injuste pour les adolescents. À un

•••• **Contrepoints**

Et si ce soir encore elle trouvait sa fille allongée sur son lit, remâchant sa déception, dans le noir, les volets clos ? Elle lance d'un air guilleret : « Alors, comment vas-tu ? » La porte de la chambre est grande ouverte, par terre, dans des assiettes, des restes de gâteaux... L'oiseau s'est envolé.

Devant l'adolescente qui guette à la fenêtre la voiture du copain, rythmant avec le pied la rengaine à la mode, elle se retient à temps de dire ce que lui disait sa mère : « Sylvie, je te fais confiance. »

âge où le jeune est dans une quête affective de jouissance, de rencontre avec l'autre, le sida viendrait parasiter sérieusement les élans amoureux. Certes, dans les sondages, les jeunes mettent le sida au premier rang de leurs préoccupations. Mais, là encore, il faut manier avec précaution ces chiffres, souvent trop simplificateurs. En fait, ce sont toutes les questions relatives à l'amour, à la sexualité, aux modes de jouissance qui sont présentes en arrière-plan du sida.

À l'inverse, quand les parents ou les éducateurs discutent du sida avec les jeunes, ils ont souvent l'impression que ceux ci s'en moquent et que le sida est bien loin de leurs préoccupations. De fait, les séropositifs sont souvent vécus comme coupables ou victimes, de toute façon très éloignés de la réalité quotidienne des jeunes.

Le choix des adolescents comme cible privilégiée de l'information sur le sida a également engendré un phénomène de saturation et de ras-le-bol. En s'adressant en priorité aux jeunes, la prévention les désigne comme nouveau « groupe à risque », après les homosexuels, les héroïnomanes et les hémophiles. Bertrand Blier, dans le premier film français pour la prévention du sida, fait justement dire à un des jeunes acteurs : « C'est pour les mecs de trente berges, ton truc, pas pour nous, on n'a pas l'âge ! » Il est important de ne pas se servir des jeunes pour leur faire porter tout le poids de la responsabilité de l'épidémie, et de permettre ainsi aux adultes de trouver un nouveau bouc émissaire en s'excluant du même coup des risques de transmission.

Les jeunes en pleine évolution

L'attitude des jeunes a considérablement évolué par rapport à la notion de protection contre une grossesse non désirée, ou de prévention des risques de maladies.

Avec la pilule, sexualité et procréation ont tendance à entretenir des relations de plus en plus distantes. Néanmoins, la potentialité de procréer est présente, ne serait-ce qu'inconsciemment, dans le champ sexuel. Au fil des générations, les garçons ont acquis une attitude plus responsable ; ils se soucient davantage de la contraception, même si les filles l'assument principalement. Le désir d'enfant s'exprime chez les adolescents sur un mode prospectif. Plus tard, lorsqu'ils seront adultes, avec un travail et une relation stables, ils auront des enfants. La procréation est investie par les adolescents comme une potentialité pour l'avenir. Ils sont dotés par la puberté d'une capacité reproductive qu'ils peuvent investir comme une véritable richesse dans la mesure où ils en ont le contrôle.

Il est à noter que la plupart des filles ne se projettent pas dans un avenir de femme au foyer. L'activité professionnelle est devenue la norme qui constitue la position d'adulte. Aujourd'hui, une adolescente ne peut plus grandir avec pour ambition et vocation exclusives d'être la femme d'un homme et d'élever ses enfants.

Néanmoins, les premiers rapports non protégés demeurent fréquents. En l'absence de relation installée et durable, le choix de la pilule apparaît difficile à faire. Est-il d'ailleurs souhaitable ? Nombre de filles ont été et sont encore aujourd'hui « contraceptées » (contraception décidée par elles-mêmes ou plus fréquemment par les parents soutenus par le médecin) durant des mois, voire des années, pour un rapport sexuel incertain. L'usage de la pilule à un jeune âge peut paraître parfois abusif.

Utile, rassurant, efficace

L'utilisation du préservatif est associée aujourd'hui principalement à la prévention du sida ; nous l'avons évoqué, il serait nécessaire également de le relier à la prévention d'autres maladies sexuellement transmissibles.

La possibilité de transmission du VIH par les relations sexuelles est connue de tous, et en particulier des adolescents. L'efficacité du préservatif est également admise. Quand les adolescents sont interrogés, plus de 80 % d'entre eux déclarent qu'ils les utiliseront pour échapper au sida, 60 % dans une visée contraceptive. Le préservatif est utilisé par près de 50 % des jeunes lors du premier rapport et par 65 % des 15-24 ans qui ont plusieurs partenaires. Bien sûr, il existera toujours un écart entre ce que les interviewés répondent et ce qu'ils font en réalité. La vie est plus complexe que les sondages. Mais un véritable chemin a été parcouru en cinq ans.

En 1986, au moment où le sida fait son apparition dans les médias français et où les premières expériences de prévention se mettent en place, le préservatif apparaît à tous comme la meilleure réponse à une épidémie dont on ne sait pas *a priori* l'ampleur qu'elle va atteindre. Mais, à cette époque, le préservatif a une très mauvaise image auprès des parents. Pour ceux-ci, le condom est synonyme de plaisir interdit et représente un objet peu sûr et dépassé par les progrès techniques que symbolise la pilule.

La « génération pilule », dont font partie les parents, les enseignants, les éducateurs, les médecins, le planning familial, a eu beaucoup plus de mal à se faire à l'idée du préservatif que les jeunes. Le résultat le plus positif et le plus significatif est que l'image du préservatif chez les adolescents s'est radicalement transformée. Pour eux, et cela se retrouve dans toutes les enquêtes, le préservatif est utile, rassurant et efficace. Il y a quelques années, son utilisateur était soit suspect, soit suspicieux ; aujourd'hui et pour une majorité de jeunes, il est responsable et donc digne de confiance. Cette évolution est sensible, quoique moins avancée que dans les pays voisins comme la Suède ou la Hollande. L'utilisation du préservatif ne

•••• ***Je me souviens***

Dès l'âge de treize ans, je me suis intéressée aux garçons. Je voulais séduire, la période des vacances d'été était l'occasion de déployer mon charme, et, avec le recul du temps, je dirais surtout de chercher à savoir si j'en possédais un minimum. Après avoir jeté mon dévolu sur un dénommé Patrice qui habitait Toulouse, je le convainquis de correspondre avec moi. Dans mes lettres je lui demandais de me dire ce qui lui plaisait chez moi. Je me précipitais chaque jour à la boîte aux lettres, ce dont ma mère se rendit compte. Je commençais à tenir un journal intime. Un jour que je m'enfermais dans ma chambre pour lire la lettre de Patrice, ma mère m'ordonna d'ouvrir immédiatement. Je tenais les précieux aveux cachés derrière mon dos. Je dus les donner à lire. Le courrier fut saisi, le journal intime aussi. Brûlante vexation dont je ressentis la morsure très récemment, lorsque ma mère rapporta d'un voyage un ravissant journal intime, muni d'un verrou et destiné à Céline, ma fille, qui a dix ans.

Sylvia, 34 ans

doit pas se poser uniquement par rapport au risque du sida mais, globalement, par rapport à la protection de la parentalité future.

Des obstacles qui demeurent

Néanmoins, l'utilisation du préservatif se heurte à un certain nombre de problèmes. Un obstacle majeur à son utilisation tient à ce qu'il représente dans la relation amoureuse. La mise en garde suivante : « Utilisez des préservatifs car vous ne connaissez pas le passé de votre partenaire » introduit la méfiance vis-à-vis de celui qu'on aime ; cela est irrecevable pour un adolescent, car cet autre qu'il aime est précisément porteur des investissements affectifs lui permettant d'accéder à l'autonomie adulte. Un tel discours risque de n'être pas entendu ou – pire – d'engendrer un repli sur soi-même et au sein du cocon familial.

Du côté des parents, il semble beaucoup plus délicat d'expliquer son mode d'emploi que celui de la pilule. Une mère peut expliquer à sa fille la prise de la pilule sans jamais parler de l'acte sexuel. Il est en revanche impossible de parler de l'emploi du préservatif sans employer les mots érection, pénétration, retrait. On conçoit aisément que la tâche pour un parent soit plus ardue. La plupart d'entre eux souhaiteraient qu'une information soit faite, par exemple dans le cadre scolaire et de préférence par un médecin.

L'abord de ce problème dépend de la culture familiale. Il s'agit de savoir « doser » l'intervention. Les parents peuvent choisir d'en parler très rapidement aux adolescents et d'en banaliser l'usage. Il reste cependant que l'utilisation du préservatif par les adolescents qui ont des relations sexuelles fait partie de leur jardin secret que les parents doivent savoir respecter.

À l'inverse, est plus problématique le geste du parent qui glisse subrepticement des préservatifs dans la valise du fils ou de la fille avant le départ en vacances. Ceci pourrait être ressenti comme une injonction à avoir des relations sexuelles et être vécu comme une intrusion dans la vie intime de l'adolescent, plus bloquante que facilitante.

Toutes les situations intermédiaires sont possibles et prennent un sens différent en fonction des modes de communication familiale.

L'intégration psychologique du préservatif pourrait être faite avant la puberté, avant que les représentations de la sexualité soient fixées. Pour aborder simplement ces questions, cela nécessite que les parents aient pour eux-mêmes banalisé cet objet.

D'autres obstacles plus extérieurs s'opposent à son adoption et il ne s'agit pas seulement de son coût ou de son accès libre (on sait la difficulté pour les jeunes d'entrer dans une pharmacie ou de passer à la caisse d'une grande surface). Il y a aussi la faible combativité des industriels, et la difficulté des pouvoirs publics à inciter ces derniers à faire preuve de créativité en matière de production et de communication.

Au plus près de la réalité

Le sida se vit comme un risque diffus, d'autant plus que les fausses croyances sont importantes : « Le risque n'existe pas avec les gens qu'on connaît bien, ceux qu'on aime ou qui fréquentent les mêmes milieux que soi », affirme une adolescente. Un discours qui n'est pas forcément dénué de bon sens mais qui reste aléatoire.

Pour que les comportements changent, l'information la plus précise et la plus concrète doit être communiquée aux jeunes comme à leurs parents, afin que soient intégrées les règles de protection sexuelle comme ont été apprises, en leur temps, celles de l'hygiène ou de l'alimentation. Informer sur l'ensemble des risques l'ensemble de la population, en se gardant vigoureusement de transformer cette réalité en débat moral, telle est la tâche de la société et des parents en particulier, qui ont la capacité de valider cette information et de la resituer dans le cadre de la famille et de l'environnement.

Communication

« Entre le besoin d'être compris
et la nécessité d'échapper. »

Il existe un consensus dans nos sociétés sur l'importance de la communication, souvent confondue avec la transmission des informations. Rappelons que la définition première du mot communication est d'« établir une relation avec quelqu'un » et son objectif de « modifier l'état du destinataire » qui, à son tour, devient émetteur. Le rapport interpersonnel est au cœur de la relation de communication. Il implique la prise en compte de l'autre et entraîne pour soi-même l'éventualité d'un changement dans la manière de penser ou d'agir. La communication se situe bien au-delà de l'échange d'informations. On perçoit donc la nature des difficultés qui y sont liées. On ne peut définir aucune « stratégie » de communication dans le cadre des relations familiales. Pour les générations précédentes, la communication était essentiellement fondée sur la transmission et l'antériorité du savoir, ce qui est en partie remis en cause aujourd'hui du fait de l'effritement des valeurs traditionnelles. Plutôt qu'un savoir infaillible, c'est plus souvent le doute qui domine dans ce qui constitue le champ éducatif. S'il ne s'agit plus de transmission – donc d'une parole à sens unique –, nous voilà contraints d'inventer la nature et le contenu de la communication. Il faut « dialoguer » avec les adolescents, nous dit-on, mais à propos de quoi et comment ? D'autant que ceux-ci ne semblent pas toujours disposés à nous écouter, ni à nous répondre !

Et nous sentons bien parfois que, derrière les mots, les silences ou les portes qui claquent, se bousculent les sentiments et les émotions, se cristallisent les tensions.

La communication, un révélateur

Si à certains moments l'échange paraît difficile à établir, si les mots que nous aurions souhaités anodins et légers s'abattent lourdement, c'est que la communication est le révélateur assez privilégié du malaise et des difficultés du développement de l'adolescent. Les contradictions et les paradoxes inhérents à cette période qui ont été développés dans les précédents chapitres trouvent là leur expression, la plus ordinaire et la plus quotidienne. La manière dont s'organise la communication entre les membres de la famille révèle, de façon condensée, les problèmes affectifs et relationnels : des parents envers l'adolescent (et inversement), à l'égard de la génération précédente, et à l'intérieur du couple lui-même. Il n'est pas rare que les trois niveaux se trouvent imbriqués. La communication sert alors de caisse de résonance aux difficultés de chacun.

Être proche et différent

L'adolescent ressent deux besoins contradictoires : être compris et se sentir différent et autonome. Il souhaiterait à la fois maintenir le lien de l'enfance et échapper à l'emprise de ses parents. Tout va donc se jouer dans la manière dont cette tension située au cœur de la relation se gérera dans la famille. Le jeune nourrit le sentiment – à tort ou à raison – qu'il est dans un autre monde, qu'il ne peut plus être compris, et que ce qui lui apparaît comme essentiel ne peut plus être communiqué. Cette coupure lui fait peur car, malgré son désir d'autonomie, il a encore besoin de ses parents.

C'est pourquoi la question de la communication entre adultes et adolescents renvoie à celle du climat dans lequel se déroule la relation. En réalité, il s'agirait moins de savoir ce qu'il faut dire (ou taire) que de travailler à partir du lien qui rattache les uns aux autres, malgré les différences et les oppositions. S'il n'a pas la possibilité de « mettre en mots » sa difficulté, parce que le lien est trop prégnant en raison d'une présence trop forte des parents, ou au contraire rompu et provoquant un sentiment d'abandon, il sera tenté d'exprimer son mal-être à travers des actes plus ou moins violents, à l'égard des autres ou de lui-même. Or la parole est ce qui donne le plus de liberté dans les échanges, elle ouvre des hypothèses d'action qu'il n'est pas nécessaire de mettre en œuvre, et protège donc de conséquences parfois néfastes dues à des comportements excessifs.

Poser la limite, respecter les espaces de chacun, permettre au conflit de surgir et s'attacher à le réguler, trouver des champs communs possibles ou permettre la rencontre de deux champs distincts, toutes ces démarches constituent la toile de fond sans laquelle ne pourra s'établir ce qu'on nomme une bonne communication entre parents et adolescents.

La communication ne se décrète pas

« Parlez-vous avec votre adolescent ?

— Non, répond le parent, c'est impossible.

— Essayez quand même de le faire », somme l'interlocuteur. Cette injonction lancée couramment aux parents d'adolescents laisserait entendre que la communication et un moyen de résoudre les difficultés qui surgissent à cette époque de la vie. Or cette communication doit être plutôt considérée comme une résultante. Elle est révélatrice de la manière dont les paradoxes évoqués tout au long de cet ouvrage sont gérés par l'adolescent et son entourage. Les relations familiales se développent sur un terreau qui se forme depuis le jour de la naissance, à partir du quotidien et des divers événements de la vie. « Communiquer » ne se décrète pas soudainement !

La communication et ses obstacles expriment, au premier plan, les contradictions dont l'adolescent est l'objet, génératrices de tensions dans les liens familiaux. Le paradoxe « Ce dont j'ai besoin est ce qui me menace » (*cf. Besoins*, p. 35) n'est pas directement identifiable par l'adolescent. Il ne peut formuler cette vérité qu'il ignore – elle se situe à un niveau inconscient –, mais il en perçoit cependant les effets. Il ressent la pression de ses exigences contradictoires : devenir autonome et maintenir, voire renforcer les liens avec ses parents, et ceci d'autant plus qu'il s'en éloigne. Il change, il quitte l'enfance, il devient autre. Cette mutation met-elle en péril l'amour que lui portent ses parents ?

Cette menace de perte ressentie par l'adolescent sera amplifiée ou relativisée par les parents, eux-mêmes renvoyés à leurs relations avec leurs propres parents et/ou à leurs difficultés de couple (*cf. Générations*, p. 77). Bien souvent le jeune joue le rôle d'un catalyseur, en déclenchant par sa seule présence des réactions diverses. Certes, il ressent le besoin d'être entendu et compris, en profondeur, mais comment pourrait-il exprimer ce qu'il a à dire ? Il ne le sait pas lui-même.

S'il est souhaitable que la parole puisse être libérée des tensions qui l'accompagnent, celle-ci n'a pas, pour autant, de valeur en tant que telle. Peu importe qu'il s'agisse du corps, de la sexualité, de la scolarité ou du cinéma, ces thèmes constituent des supports qui permettent à l'adolescent de s'assurer qu'il conserve un lien avec son entourage, alors que de nombreuses raisons mettent en cause ce lien. Le dialogue lui prouve qu'il peut garder sa place tout en étant différent de ce qu'il était, enfant. Qu'il s'agisse de paroles brèves ou d'un déluge de paroles, c'est le climat dans lequel elles vont être prononcées qui l'emporte sur leur nombre.

Ce dont l'adolescent a besoin, c'est sentir que sa nécessaire évolution ne rompt pas la confiance et la sécurité, que cet « implicite » du climat familial peut être sauvegardé. On le constate, la peur de perdre l'amour de ses parents renvoie bien au-delà de ce que l'on dit ou de ce que l'on tait.

La distance relationnelle en question

La communication obéit aux mêmes règles que celles qui sous-tendent les processus de séparation. L'adolescent s'éloignera sans angoisse du foyer parental s'il sait qu'il peut y revenir. De même, la communication s'établira d'autant plus facilement que la distance dans la relation restera souple : il est possible de parler ou de se taire si l'on sait que la relation de fond n'est pas compromise. Dans le maintien d'une communication incessante s'exprime l'angoisse de la perte, comme si le fil devait être maintenu quoi qu'il arrive, au prix de cette contrainte pour les deux interlocuteurs.

La recherche de la bonne distance relationnelle entre un flot de paroles – qui masquerait l'essentiel – et un silence lourd – qui ne tiendrait pas compte de l'autre – concerne autant les adolescents que leurs parents. Quelques exemples pris à partir d'expressions quotidiennes illustreront ce propos.

Tu ne me comprends pas !

Quel parent n'a pas entendu, au cours d'un échange, ce reproche lancé par l'adolescent, clôturant le débat, avant de le voir disparaître dans sa chambre.

Dans ce discours où l'adolescent met en avant l'incompréhension, il montre sa différence. Pris dans le besoin de devenir autonome, la constatation de n'être pas compris permet d'échapper au pouvoir des parents. En s'assurant ainsi d'un champ de pensée personnel, il manifeste son désir de gérer la distance relationnelle sans compromettre exagérément la fiabilité de fond et la complicité qui le relie à son entourage.

Ma mère, je lui dis tout !

Qu'elles la « détestent » ou qu'elles lui disent « tout », les filles ont souvent des difficultés à gérer la distance avec leur mère, plus que les garçons qui se confient peu.

La transparence n'est pas sans poser de problèmes. Dans ce « tout », est-il permis à la jeune fille d'être différente de sa mère ? Se donne-t-elle le droit de vivre à certains moments pour elle-même ? Et si cela arrive, ne risque-t-elle pas de s'en sentir culpabilisée ?

•••• Contrepoints

Dimanche matin, en partant jouer la finale de volley, François a prévenu tout le monde qu'il n'était vraiment pas nécessaire d'y assister.
La famille est à peine installée sur les gradins que François la rejointe, en short et maillot rayé, essoufflé, rayonnant.

Toute une période où, à chaque repas, après avoir maintes fois demandé à sa fille « Qu'est-ce que tu as ? » « Ça ne va pas ? » « Fais-tu la tête ? » elle soliloquait pour couvrir le tintement des fourchettes contre la porcelaine. Elle en sortait, rompue.

Exhumée par hasard du fond d'un tiroir, une photo de mariage ancienne. À côté de la mariée – sa mère –, un trou noir : une haute silhouette en creux, soigneusement découpée au rasoir.

Du côté des parents, on observe une manière de faire assez moderne qui entraîne le parent à « tout dire » à son tour à l'adolescent, dévoilant à celui-ci son espace personnel ou intime. Face à l'envahissement des confidences, l'adolescent est conduit à poser une limite à l'intérieur de lui pour se défendre d'une trop grande proximité. De ce fait, il instaure une coupure, une mise à distance qui n'est pas parlée, mais se développe en lui insidieusement. Ainsi le fossé se creuse à son insu, entre lui et le parent, malgré la complicité apparente. Dans cette situation où les rôles sont inversés – c'est le jeune qui joue le rôle parental –, il ne se sent pas reconnu pour ce qu'il est, il se trouve nié dans la relation.

Alors, cette sortie ? Raconte !

À propos de la vie amicale, scolaire ou de loisirs, certains parents se plaignent du silence de leur adolescent. Celui-ci ne fait preuve d'aucune spontanéité, il se tait ou répond par monosyllabes. Les parents sont amenés à « questionner » et l'atmosphère s'épaissit rapidement.

L'adolescent a besoin qu'on s'intéresse à lui et ceci d'autant plus qu'il semble indifférent et secret. La question est le signe de l'intérêt. Mais elle est également porteuse du caractère insupportable des contradictions de l'adolescent. Au lieu de s'avouer : « Je vis une situation intolérable, j'ai à la fois besoin de l'intérêt de mes parents et je suis obligé de m'en séparer » – ce qu'il ne peut pas faire car ce phénomène est inconscient –, il s'emporte contre l'autre : « Ma mère (mon père) est insupportable ! » Cette pensée exerce une fonction libératrice de ses tensions internes (dans certaines proportions raisonnables) et lui apporte un soulagement. L'important est que le parent puisse continuer de questionner, de manifester son intérêt, quitte à accepter d'être un peu déçu par la réponse. L'adolescent se nourrit de l'attention qu'on lui porte. On lui offre une ouverture ; il la saisira ou non, mais il sait qu'elle existe et qu'il pourra y revenir.

Je ne te demande pas ton avis !

Il n'est pas utile de demander à l'adolescent son avis dans tous les domaines, pour ce qui le concerne pas directement. En défendant son propre territoire, le parent lui donne le droit de délimiter le sien. Un adolescent trop associé aux décisions des parents perdrait son originalité. Il se trouverait dans une confusion où il devient impossible de distinguer ce qui revient à l'un ou à l'autre. Celui à qui on « ne demande pas son avis » n'est pas pour autant empêché de l'avoir, bien au contraire... Il est important que les espaces se trouvent différenciés. Trop de partage peut être démobilisateur en risquant d'annihiler le désir propre de l'adolescent.

Perturbations

La communication est perturbée quand l'adolescent ne peut plus gérer lui-même la distance relationnelle, entraînant dans l'échange verbal de nombreuses ambiguïtés. Il est alors obligé d'introduire un autre système d'expression, chargé de traduire son malaise sous-jacent ou de dévoiler ce que le « discours officiel » tenu dans la famille n'autorise pas. Apparaissent les plaintes corporelles, ou les manifestations du comportement qui viennent contredire certaines déclarations.

Parler avec les maux

« Ma mère est ma meilleure confidente », affirmait la jeune fille, qui, dans le même temps, se plaignait de douleurs incessantes au ventre. L'adolescente manifeste la volonté de vivre cette transparence avec sa mère mais, dans le même temps, une partie d'elle-même s'y refuse totalement.

Les plaintes et les maux sont l'expression de cette face cachée de la réalité des sentiments. On ne peut être totalement limpide dans sa relation à l'autre, il existe une part de non-dit, de tensions et d'angoisse qu'il est normal d'assumer. L'illusion de la transparence masque la peur de la séparation symbolique avec le parent. À l'inverse de l'exemple précédent, il ne faudrait pas oublier la communication rendue impossible par l'image trop écrasante des parents, du fait de la peur qu'ils suscitent, susceptible elle aussi de générer des troubles somatiques. Il existe un équilibre à trouver entre ces deux extrêmes : trop de complicité ou trop peu d'ouverture.

Des actes comme langage

On peut comparer la fonction de la plainte à celle des actes provocants. Les manifestations relevant du corps, coiffure, vêtements et à un degré plus marquant les fugues et les tentatives de suicide (*cf. Confrontations*, p. 59), sont également des moyens d'expression. Le jeune exprime sa différence par cette autre voie, traduisant sa difficulté à devenir autonome. Il en fait trop, pour être sûr de se démarquer de ses parents. Ces signes extérieurs reflètent les aspects profonds de la communication ; ils donnent des indications sur la nature des liens qui constituent le tissu familial. D'une manière générale, ce qui est fait pour être remarqué doit l'être, sans pour autant être dramatisé. L'attitude de l'adolescent traduit un besoin de s'affirmer sur un mode provocant et souvent autopunitif. Si le climat familial ne permet pas, à ce moment de l'évolution du jeune, d'utiliser le langage comme véhicule des contradictions, alors il peut être intéressant d'introduire une parole extérieure, afin que se manifeste un peu de « jeu » dans les échanges. Le langage permet de tenir à distance les comportements qui pourraient devenir pathogènes ; il évite de se sentir contraint de « passer aux actes » pour tenter de se faire entendre.

Choses cachées, inventées ou volées

Il existe une problématique commune entre différentes manifestations souvent déconcertantes pour l'entourage, comme le vol, le mensonge ou l'affabulation, relevant de la confusion des espaces de chacun et donc de leur délimitation.

Le vol (par exemple, vol d'argent dans le porte-monnaie des parents) traduit la difficulté pour l'adolescent de se situer dans son espace personnel. Il ne peut trouver de plaisir en lui-même, ni au cours d'un échange véritable avec le parent, où puiser des éléments constructifs. Le plaisir ne peut être que dérobé, pris sur le territoire des parents. Ceux-ci détiennent ce qui est enviable et seul le vol permet d'y accéder.

Pour expliquer une défaillance ou, parfois, sans raison apparente, certains adolescents inventent des histoires extraordinaires dans lesquelles ils s'attribuent un rôle de premier plan. Cette manière de se donner de l'importance aux yeux des autres grâce à des événements extérieurs traduit leur manque de confiance en eux ; comme si la valeur ne pouvait provenir que du dehors et non d'eux-mêmes. Tels qu'ils sont, ils ne se sentent pas intéressants.

Sans doute, dans le passé entre l'enfant et l'adulte, quelque chose d'inauthentique aura été échangé à travers la relation, soit que le parent ait donné une image fausse de lui-même, soit qu'il ait joué un personnage dont l'enfant a perçu le caractère factice. Celui-ci n'a pas réussi à se situer par rapport à de véritables comportements ou sentiments, et ne dispose pour se construire au moment de l'adolescence que de fausses représentations, qui ne peuvent lui assurer des assises. Il demeure alors en quête d'images et puise sans fin dans son imagination, renforçant ainsi sa fragilité.

On trouve dans la littérature des illustrations significatives de cette manière d'être du parent. Ainsi Gustave Flaubert campe-t-il à travers Emma Bovary un personnage de mère à la fois excessif et différent, où le « faux » prend le pas sur l'intérêt véritable, laissant l'enfant dans un trouble :

« Mais qui donc la rendait si malheureuse ? Où était la catastrophe extraordinaire qui l'avait bouleversée ? Et elle releva la tête, regardant autour d'elle, comme pour chercher la cause de ce qui la faisait souffrir.

Un rayon d'avril chatoyait sur les porcelaines de l'étagère : le feu brûlait ; elle sentait sous ses pantoufles la douceur du tapis ; le jour était blanc, l'atmosphère tiède et elle entendit son enfant qui poussait des éclats de rire.

En effet, la petite fille se roulait alors sur le gazon, au milieu de l'herbe qu'on fanait. Elle était couchée à plat ventre, au

• • • • Contrepoints

Quand Fred apparaît enfin, alors que tous sont déjà tassés dans la voiture, exclamation générale à la vue de l'impeccable chemise blanche et de l'écharpe noire soigneusement nouée.
Fred ne répond rien, il retient un sourire.

La voix pure de la chanteuse a rempli la nuit d'été. Puis... le silence. La mère tire de sa poche un petit mouchoir blanc. « Passe-le-moi », chuchote Bruno. Un sourire complice sur leurs yeux embués.

haut d'une meule. Sa bonne la retenait par la jupe. Lestiboudois ratissait à côté, et, chaque fois qu'il s'approchait, elle se penchait en battant l'air de ses deux bras.

— Amenez-la-moi ! dit la mère en se précipitant pour l'embrasser. Comme je t'aime ma pauvre enfant ! Comme je t'aime !

Puis, s'apercevant qu'elle avait le bout des oreilles un peu sale, elle sonna vite pour avoir de l'eau chaude, et la nettoya, la changea de linge, de bas, de souliers, fit mille questions sur sa santé, comme au retour d'un voyage, et enfin, la baisant encore et pleurant un peu, elle la remit aux mains de la domestique, qui restait fort ébahie devant cet excès de tendresse. » (Extrait du chapitre X.)

Pour échapper aux frustrations des relations immédiates, dans une quête d'images valorisantes pour eux-mêmes, certains adolescents s'inventent des parents fictifs. En reportant leur désir sur des personnages imaginaires, ils gèrent la distance avec les parents réels et s'autonomisent de sentiments de proximité ou d'agressivité qu'ils ressentent à leur égard.

Lorsqu'il s'agit d'enfants adoptés, cette quête est renforcée par l'existence, quelque part dans le monde, de « vrais parents ». L'adolescent se lance à la recherche de ceux-ci, ou leur construit une histoire et une image idéalisées. En réalité, ils s'adressent aux parents adoptifs et leur demande pourrait se formuler ainsi : « Vous sentez-vous mes vrais parents ? Si vous aviez su ce que je suis devenu, m'auriez-vous adopté ? » La réponse des parents ne se trouverait donc pas dans une démarche de recherche et de découverte des géniteurs, mais plutôt dans l'assurance donnée à leur enfant qu'ils se sentent bien les vrais parents, parce qu'ils le vivent ainsi et qu'ils le prouvent.

Secret de famille

Tout ne peut pas se dire et chaque adulte peut être confronté un jour à l'impossibilité de révéler une partie de lui-même, à la nécessité de garder un secret. Il ne s'agit pas ici d'énoncer s'il convient ou non de dévoiler la chose cachée, car ce sont des décisions qui appartiennent à chacun. Mais il est possible d'en dessiner les effets pour l'entourage. Le secret risque de devenir pathogène s'il n'est pas suffisamment intégré par celui qui le détient. Il reste visible, montré et caché tout à la fois, et se trouve désigné en permanence par le comportement sans jamais être dit : on laisse entendre que... ; on utilise des allusions ou des mimiques ; on garde ostensiblement le silence sur... Bref, chacun sent la menace peser et d'autant plus lourdement qu'elle est imprécise. C'est, plus que la chose cachée, l'excitation créée autour de ce faux secret qui aura une incidence déterminante sur l'économie familiale.

Quand le message est reçu

À travers ces divers exemples qui, à un moment ou un autre, touchent de nombreux adolescents, il est toujours question de la distance entre les interlocuteurs. Un écart suffisant pour ne pas risquer de se confondre avec l'autre, un fil tendu mais souple permettent à la communication de s'établir à travers les actes quotidiens ; une élaboration patiente qui inclut des moments de complicité, des tensions et même des conflits.

•••• **Je me souviens**

Petit garçon j'admirais énormément mon père. Il était extrêmement fort physiquement, formidablement doué pour le bricolage, respecté par toute la famille. Mais il inspirait une forme de crainte, car il était peu expansif. Nous avions très peu d'échanges tendres, de câlins. Cela, je crois, ne me souciait guère. Pourtant, un jour, je devais avoir une quinzaine d'années, je m'approche de lui pour l'embrasser avant de partir en vacances. Il me dit alors : « À partir de maintenant, ne m'embrasse plus, serre-moi la main. Les hommes ne s'embrassent pas. » J'ai été à la fois bouleversé et humilié par cette remarque. Jamais je n'ai désobéi à son ordre, sauf pour lui souhaiter la bonne année, puisque, là, tout le monde s'embrasse. J'ai pu en parler récemment à la femme que j'aime aujourd'hui. Lorsque j'ai revu mon père, c'était l'été, pas d'année nouvelle en vue, je l'ai pourtant embrassé. Il a quatre-vingt-cinq ans. On a apprécié tous les deux je crois, mais le cœur, un instant, m'a pincé.

Noël, 48 ans

Le conflit rapproche et différencie tout à la fois (*cf. Confrontations*, p. 59). Il permet alors à l'adolescent de tester le lien qui le relie à ses parents, tout en restant lui-même. Il est donc important de ne pas le fuir et d'y faire face sans dramatisation. L'opposition permet de s'exprimer dans des situations où chacun exerce un rôle de tiers par rapport à l'autre, pose ses limites, gère la distance.

Être bien ensemble

L'ouverture à des tiers, aux parents de copains ou aux copains des parents soulage parfois la relation familiale. Le parent doit savoir accepter ce relais sans le vivre comme une disqualification. L'adolescent se tourne vers un autre adulte, non parce qu'il ne l'aime plus, mais parce qu'il se trouve impliqué dans des liens de relation trop forts avec lui. Cette fonction peut être tenue par différents types de médiations qui sont des formes indirectes de communication. Être bien ensemble, c'est aussi partager une soirée au cinéma, une visite, et pourquoi pas des silences. Tout ce qui permettra de combiner un besoin de distance, de respect de l'espace privé de l'adolescent, mais aussi de se sentir dans un environnement porteur en complicité avec l'entourage. Cela concerne également les attentions de la vie quotidienne, les petits gestes qu'il faut savoir accomplir et accueillir, et qui représentent une façon de communiquer. Leur signification porte au-delà du fait lui-même. Elle témoigne d'une ouverture et d'une attention à l'autre, tant pour celui qui donne que pour celui qui reçoit, si ce dernier sait aussi manifester – de manière sensible et sans ostentation – que le message a bien été reçu.

Maladies

« Quand l'adolescence rencontre
la maladie. »

Dans leur majorité, les adolescents sont heureusement en bonne santé. Ils savent bien gérer leur capital santé : malgré quelques fantaisies dans leur alimentation, celle-ci reste relativement équilibrée. Les rythmes du sommeil sont corrects. Les activités physiques et sportives sont raisonnables. Ils assument leurs obligations scolaires ou professionnelles, ne consomment pas de façon excessive de tabac ou d'alcool et vivent dans un bon équilibre psychologique. Cependant, tout système en croissance rapide est fragilisé ; l'adolescent n'échappe pas à cette règle et reste relativement vulnérable.

Une période sensible

Certains adolescents présentent cependant des troubles physiques ou psychiques qui relèvent de traitements particuliers. Peut-on dire pour autant qu'il existerait des maladies spécifiques à l'adolescence ?

Certains adolescents sont plus souvent « patraques » que malades, présentant un certain nombre de plaintes diffuses autour des fonctions du corps, ou des malaises plus généraux. Par ailleurs, il existe sur le plan somatique des pathologies liées à l'adolescence et, pour la plupart, à l'apparition de la puberté ou à la croissance.

D'autres jeunes sont atteints de maladies chroniques depuis des années : la maladie s'ajoute à l'adolescence. Le résultat se solde par un équilibre assez fragile en fonction des impacts que la maladie va avoir sur l'adolescent et sur son entourage. L'adulte se doit d'être vigilant : dépister ce qui n'est pas obligatoirement banal chez celui qui se dit patraque, faire surveiller son développement pubertaire et sa croissance pour déceler d'éventuelles anomalies et, enfin, élaborer une prise en charge adéquate pour ceux qui présentent des maladies chroniques.

Sur le plan psychique, il n'a pas été repéré de troubles qui caractériseraient ce qu'on appelle couramment la « crise de l'adolescence ». Actuellement, on considère que la majorité des adolescents ne présente aucun trouble particulier et n'est pas en état de « crise », au sens le plus manifeste du terme. La crise se trouve dans la nécessité de changer le fonctionnement intérieur ainsi que le mode de relation avec l'entourage. Mais cela n'implique pas forcément qu'elle entraîne des difficultés comportementales ou des risques particuliers.

En revanche, il est établi qu'à l'adolescence des troubles psychiques, les plus fréquents jusqu'aux plus graves, peuvent apparaître. Il n'est pas étonnant qu'ils interviennent au cours de cette période d'autonomisation. Ce développement n'est pas, bien entendu, un fait courant, et les parents n'ont pas à être obsédés par la maladie psychiatrique lors de l'adolescence.

Deux dangers existent : le premier tiendrait dans la banalisation de tout trouble ; le second, dans le fait de penser immédiatement en termes de maladie psychiatrique. Il est préférable de considérer qu'il existe un certain nombre d'adolescents qui présentent des facteurs de vulnérabilité de logiques et d'ordres divers, qui sont liés à leur capital génétique, à leur histoire, à leur enfance ou au déroulement de l'adolescence. Ils peuvent répondre à cette vulnérabilité par divers comportements considérés comme pathogènes. Cela signifie que leur développement contribue à fragiliser davantage l'adolescent et à le marginaliser, au risque d'aboutir à une pathologie. Le comportement est pathologique quand il est devenu un mode habituel de réponse qui se répète et s'impose à l'adolescent, tout en limitant ses potentialités.

La progression de ces troubles et leur cumul impliquent une réflexion sur les difficultés, au sein de l'environnement social, scolaire ou familial, de percevoir le malaise. Ils sont autant de signes ou d'appels pour l'entourage (parents, enseignants, travailleurs sociaux), pour le corps médical (pédiatres, généralistes, médecins scolaires) ou paramédical (en particulier les infirmiers ou les infirmières scolaires), car ils peuvent signifier un malaise beaucoup plus profond et traduire une demande d'aide.

Patraque ou malade ?

L'adolescent présente souvent des plaintes somatiques qui peuvent paraître banales mais qui sont susceptibles d'accompagner, de précéder, voire de remplacer ou de constituer les premiers symptômes d'un malaise plus grave. Il ne faut pas être dupe, mais il semble essentiel de prendre au sérieux le symptôme présenté, l'erreur étant de taper dans le dos de l'adolescent en lui disant : « Tout ça n'est rien, c'est dans ta tête que ça se passe. » Les manifestations somatiques qui existent, pèsent s'interprètent en tenant compte du contexte individuel et social. Cette période est celle où l'adolescent peut malmener son corps et entamer son capital santé.

On peut incriminer les facteurs physiques liés à la croissance, un mode de vie fatigant, une alimentation mal équilibrée, des couchers tardifs, des horaires de vie plus ou moins réguliers, le bruit, les émotions, le sport pratiqué de façon excessive, la consommation de tabac ou d'alcool. S'y ajoutent des situations stressantes, avec l'obligation de réussir dans un monde qui se veut de plus en plus performant, imposant des rythmes scolaires très exigeants et une pression sociale et familiale intense.

Mais, contrairement aux idées reçues, certains troubles, en particulier ceux qui concernent le sommeil, semblent moins liés au mode de vie qu'aux difficultés relationnelles et à l'anxiété du sujet. Les troubles fonctionnels les plus fréquemment rencontrés sont les maux de tête, les réveils nocturnes, les cauchemars et les nausées. L'adolescent peut présenter également des troubles de l'humeur se manifestant par une certaine nervosité, une envie de pleurer, une certaine déprime, des idées de suicide. Des études récentes montrent qu'un tiers des adolescents avouent leur lassitude, 40 % des garçons et 42 % des filles se déclarent fatigués au réveil.

Un certain nombre de ces manifestations restent assez banales, en particulier chez les jeunes filles, et on peut émettre l'hypothèse qu'elles constituent une composante de la dynamique adolescente et qu'il faut les considérer comme telles ; mais il faut noter que les filles expriment plus de plaintes que les garçons et que cette différence s'accentue avec l'âge. C'est le cumul ou la progression de ces troubles qui doivent alerter l'entourage.

Anomalies de la puberté

Certaines anomalies sont plus spécifiques à cette période, liées la plupart du temps à des troubles de l'apparition de la puberté, soit que celle-ci apparaisse avec retard ou n'apparaisse pas, soit au contraire qu'elle soit trop précoce. Mais, heureusement, ceci n'est pas toujours pathologique.

Certains adolescents présentent un retard de l'apparition de la puberté, particulièrement fréquent chez le garçon, que l'on appelle « puberté physiologiquement différée ». Les parents s'en aperçoivent très facilement : leur fils est plus petit que la moyenne, il n'a pas grandi au cours des derniers mois comme ses camarades, sa pilosité est quasi inexistante, il présente manifestement un décalage par rapport à ses copains. Le garçon, quant à lui, au cours de cette période durant laquelle il s'interroge sur sa normalité, se pose également des questions quand il se compare aux autres : c'est souvent à l'occasion d'une douche après un match de foot ou de basket qu'il s'aperçoit que la pilosité de ses camarades est plus développée, que la taille de leur verge est plus importante. Certains s'en accommodent, d'autres s'inquiètent mais n'en parleront pas spontanément ; ils essaieront de ne plus se doucher après leur entraînement ; dans certains cas, ils arrêteront momentanément le sport. Ce n'est que lors d'une consultation pour une autre raison ou lors d'un examen systématique que le médecin pourra s'en apercevoir et en parler avec eux.

Du retard simple au retard pathologique

Ce retard simple se manifeste par un retard global de la maturation qui affecte simultanément et au même degré la taille, l'âge osseux et la puberté. Ceci peut résulter de facteurs génétiques et l'on retrouve souvent des antécédents similaires chez les aînés ou les ascendants. Finalement, tout rentre dans l'ordre, mais avec un peu de retard par rapport aux autres. Ceci n'est pas pathologique.

Chez d'autres adolescents, le retard pubertaire peut être pathologique. Dans certains cas, des examens complémentaires endocriniens sont envisagés pour éliminer une anomalie d'origine hypophysaire ou au contraire une anomalie dont le point de départ se situerait au niveau des gonades (testicules ou ovaires).

Tel est le cas par exemple de la jeune fille qui peut présenter une forme relativement fréquente d'impubérisme : le syndrome de Turner. Cette anomalie primitive des chromosomes sexuels va entraîner une série de malformations, dont la plus importante est le défaut majeur du développement des

SE PLAINDRE

Les plaintes somatiques diffuses (comme avoir mal à la tête, se sentir fatigué, mal dormir, avoir des nausées, etc.), souvent à l'origine d'une demande de prise en charge médicale, sont le révélateur d'un malaise, parfois passager. Ainsi, 43 % sont souvent fatigués (39 % des garçons, 47 % des filles), 21 % ont souvent mal au dos (18 % des garçons, 25 % des filles), 22 % ont souvent mal à la tête (15 % des garçons, 30 % des filles), 5 % ont souvent des nausées (3 % des garçons, 7 % des filles), 2 % ont déjà eu des crises de spasmophilie ou de tétanie (0,5 % des garçons, 3 % des filles)... Pour l'ensemble des symptômes, on note que les filles expriment plus de plaintes que les garçons et que cette différence s'accentue avec l'âge.

Les troubles liés au corps sont donc plus fréquents parmi les filles que parmi les garçons, donnée qu'on observe aussi parmi les adultes. Cette différence des sexes s'établit dès 11-13 ans et se renforce progressivement jusqu'à l'âge adulte. Les adolescents acquièrent donc leur identité sexuelle non seulement au niveau biologique mais aussi au niveau social et psychopathologique. Au-delà des modifications physiques, s'opère une transformation des modes d'expression, signe que les adolescents s'intègrent au modèle sexué des adultes. Pour les filles, le corps se situe au centre des préoccupations et des troubles. Pour les garçons, l'agir et la transgression l'emportent.

Source : Enquête nationale auprès de 12000 jeunes, Inserm, U 169 (Choquet, Ledoux), 1993.

ovaires. En réalité, l'anomalie la plus visible est une petite taille qui est repérable très tôt dans la vie et qui permet en général un diagnostic dès les premières années, parfois dès la naissance. On se trouve donc en présence d'une jeune fille qui, à défaut d'un traitement convenable, serait à coup sûr concernée par une absence de développement pubertaire spontané et une petite taille.

Dans d'autres cas, il s'agit de précocité sexuelle qui se définit comme l'apparition des caractères sexuels secondaires chez le garçon avant l'âge de 10 ans et chez la fille avant l'âge de 8 ans. La puberté précoce est due à une activation prématurée de l'axe hypothalamus, hypophyse, gonades.

Il faut la distinguer du développement prématuré isolé d'un seul caractère sexuel secondaire. La fréquence des vraies pubertés précoces est quatre fois plus importante chez les filles. Nous disposons actuellement de méthodes d'exploration endocrinienne et d'investigations complémentaires radiologiques permettant d'en déterminer la cause et de proposer un traitement adapté.

Maladies chroniques et handicaps

En réalité, lorsqu'on parle de maladies chez l'adolescent, on pense essentiellement aux problèmes que posent les maladies chroniques. Par définition, il s'agit de maladies ayant débuté depuis l'enfance, parfois présentes depuis la naissance, et qui comportent une somme de contraintes assez lourdes et sans perspective de guérison dans l'état actuel des connaissances.

Quand un enfant atteint de maladie chronique se trouve confronté au problème cumulé de sa maladie et de son adolescence, on se trouve dans une situation où un processus constructeur risque de s'affronter à un processus inhibiteur, voire destructeur. Ceci sans nécessaire équivalence entre le vécu de la maladie et sa gravité objective. Le corps est attaqué par un processus morbide (processus agressif dont le pronostic peut être péjoratif) et l'adolescent va être soumis à un certain nombre de contraintes l'obligeant à des stratégies adaptatives. Parfois, l'adolescent a appris très tôt à vivre dans la différence, chaque maladie portant ses propres marques : visible ou non, invalidante ou non, retentissant ou non sur la scolarité, pouvant freiner la croissance et la puberté, impliquant ou non un retard mental.

Certaines infirmités ou maladies chroniques sont stables, d'autres sont évolutives. Une certaine stabilité risque d'être remise en cause à l'adolescence. Ces handicaps entraînent souvent de façon prolongée des restrictions qui s'expriment sous forme de contraintes : par exemple, le jeune diabétique doit respecter un régime alimentaire précis et se soumettre tous les jours à des analyses et à des injections d'insuline, qu'il soit chez lui, au lycée ou en vacances. De même, l'adolescent porteur d'une insuffisance rénale chronique doit se faire dialyser trois fois par semaine et, si un jour il est transplanté, il devra prendre tous les jours des médicaments immunodépresseurs. L'adolescent atteint de mucoviscidose se rendra quotidiennement à des séances de kinésithérapie respiratoire. Le jeune atteint de myopathie évolutive ou de polyarthrite chronique devra subir toutes les contraintes d'une maladie invalidante gênant l'apprentissage de son autonomie.

En plus de ce lot d'obligations, la maladie en ajoutera de nouvelles concernant la vie scolaire, la vie familiale, les loisirs,

MANGER TROP

Si la majorité des études montrent une quasi-exclusivité des femmes parmi les malades boulimiques, les études en population générale nuancent cette différence des sexes en matière de conduites alimentaires. Ainsi, l'écart entre les sexes ne se situe pas tant au niveau de la façon de manger (7 % des garçons et 10 % des filles ont eu des « crises de boulimie ») qu'au niveau des stratégies du contrôle de poids, de l'image du corps et des sentiments de culpabilité qui succèdent à la prise excessive de nourriture. Les filles sont 3 fois plus nombreuses que les garçons à vouloir contrôler leur poids, à être préoccupées par leur image corporelle, et 6 fois plus nombreuses à se sentir honteuses, 8 fois plus nombreuses à se sentir déprimées après avoir trop mangé. Cette culpabilité peut en partie expliquer la consultation médicale pour ce type de pathologie.

La différence entre les garçons et les filles, relativement faible à 13 ans pour tous les symptômes pris en considération, augmente très sensiblement jusqu'à 18 ans.

Source : Enquête nationale auprès de 12 000 jeunes, Inserm, U 169 (Choquet, Ledoux), 1993.

les activités sportives. Il conviendra cependant de ne pas majorer inutilement ces contraintes : la pratique du sport est, dans certains cas, comme chez l'épileptique, limitée de façon excessive. Dans ce domaine, il serait préjudiciable de céder au réflexe si fréquent qui consiste à faire de la maladie, même stabilisée, une contre-indication implicite ou abusive à une activité particulière.

On peut s'interroger sur le sens de conduites de « tricherie » chez certains adolescents par rapport à leur traitement : ces conduites ne doivent pas être considérées comme systématiquement négatives. Ce sont des conduites d'essai. Elles peuvent constituer un mode d'adaptation transitoire entre le processus de l'adolescence et la maladie chronique, dans lequel l'individu tente de conquérir un espace d'autonomie.

Vivre dans la différence

N'oublions pas qu'un adolescent malade partage les mêmes émotions, les mêmes envies et les mêmes intérêts que ses pairs bien portants. Ceci est particulièrement sensible pour tout ce qui touche au domaine de la sexualisation et à son nouveau mode relationnel.

Certains adolescents sont capables de « vivre avec leur maladie » et de s'adapter, alors que d'autres vont avoir du mal à supporter ce qui sera, pour eux, une source de douleur, d'agression, de frustration, d'angoisse, de blessure narcissique, ne laissant alors aucune place au plaisir. Leur projet est mis à mal et la recherche d'une image de soi-même est d'une identité est rendue difficile. Pour certains, cet état de souffrance sera ressenti comme une forme de violence sociale, parfois familiale, voire médicale.

Les adolescents malades ressentent beaucoup d'appréhension dans le domaine de la sexualité. Un certain nombre de maladies ont pour conséquence d'empêcher l'apparition de la puberté. Il y a heureusement tous ceux dont la maladie n'altère pas le développement pubertaire. Pourtant, chez eux, la puberté peut faire peur car elle annonce une sexualité que l'entourage considère parfois comme menaçante. De nombreuses questions se posent, relatives à l'aggravation éventuelle de la maladie, aux risques d'une grossesse et de son déroulement, à la contraception : la maladie est-elle héréditaire ? La maladie chronique peut servir d'écran au problème sexuel et empêcher alors toute information concernant les rapports sexuels, la stérilité, la fécondité, la grossesse, la contraception, la maternité.

La recherche d'un certain « bien-être »

L'acquisition de l'autonomie pour un adolescent handicapé ou porteur de maladie chronique est fonction d'un certain nombre de facteurs qui jouent un rôle dans sa maturation psychologique et sociale : nature et durée de la maladie, facteurs personnels ou sociaux, attitude des parents et notamment de la mère. La capacité de l'adolescent à s'autonomiser dépend de la gravité de son handicap, mais aussi de l'aptitude de la famille à faire face à la situation, ainsi que des motivations de l'adolescent à devenir un adulte indépendant. Il semble souhaitable que les jeunes, malades ou handicapés, puissent améliorer l'image qu'ils ont d'eux-mêmes, leurs compétences sociales, qu'ils puissent se responsabiliser en associant leurs pairs non handicapés dans des activités permettant de développer leurs potentialités physiques et intellectuelles, en conservant, si cela est possible, des activités ludiques.

L'adolescent atteint de maladie chronique ou d'un handicap doit « vivre avec ». La recherche d'un certain bien-être est donc fondamentale. Les espoirs sont permis pour certaines maladies considérées jusque-là comme non guérissables, du fait de nouvelles techniques, en particulier les transplantations d'organes. Ceci peut, sous certains aspects, se présenter comme des triomphes techniques. Il faut savoir cependant que l'euphorie de l'équipe soignante ne sera pas forcément partagée d'emblée par le soigné, effrayé par l'aventure dans laquelle il se trouve projeté.

L'adolescent atteint d'insuffisance rénale sévère est soumis, plusieurs fois par semaine, à une hémodialyse itérative. Ainsi assure-t-il – et parfois depuis de nombreuses années – sa survie et sa vie sociale dans des conditions de risque, d'inconfort et de dépendance lourdes et pénibles. La transplantation d'un rein étranger, si elle est réussie, doit lui donner une autonomie au prix de risques et de contraintes sévères. Sa réussite exige une parfaite collaboration entre le receveur et l'équipe soignante. Mais cette collaboration ne peut reposer que sur une information partagée et sur un engagement réciproque. Au risque d'échouer, la décision commune ne doit omettre aucune des dimensions affectives, psychologiques et culturelles, dont l'estimation, voire la mesure comportent les mêmes réponses et les mêmes difficultés que celles de la médecine des adultes.

Gardons présent à l'esprit le souci d'informer le jeune de sa situation, de savoir ce qui a été entendu par lui, d'être à l'écoute de sa souffrance et d'essayer d'apprécier la qualité de son bien-être, en évaluant à la fois les bénéfices et les effets adverses du traitement. On sait en effet que l'entrée dans l'adolescence représente des risques majeurs de déstabilisation : l'adolescent peut avoir l'impression d'être dans un tunnel sans issue, ce qui se solde parfois par des attitudes autoagressives (refus de traitement, actes suicidaires, les comportements les plus dangereux n'étant pas l'apanage de ceux dont les maladies sont les plus menaçantes).

La recherche de ce bien-être peut s'accompagner également d'un certain déni de la situation, où l'adolescent enfreint parfois les règles de sécurité les plus élémentaires imposées par la maladie. Une volonté d'émancipation le pousse à prendre des risques par rapport à son traitement et à se comporter comme s'il n'était pas malade : tel adolescent atteint d'asthme sévère partira sans précaution faire de la haute montagne, tel jeune diabétique va nager un matin de vacances juste après son injection d'insuline malgré les risques d'hypoglycémie...

Cette attitude de déni se joue souvent sur un fond de dépression dont l'intensité est à la fois variable et imprévisible.

La souffrance des parents

Avec l'enfant, la maladie est entrée un jour dans la famille. On sait ce que peut être la souffrance d'un père ou d'une mère lorsqu'ils se trouvent confrontés à celle de leur enfant malade ou handicapé. Il faut apprendre à vivre dans la différence, en espérant qu'un jour celui-ci soit pareil aux autres, ou mieux encore qu'il ressemble à l'enfant idéal que porte l'imaginaire de tout parent. Il y a d'abord chez les parents un sentiment de culpabilité, comme si, à l'origine de ce qui arrive, il pouvait y avoir une faute que l'on aurait un jour commise.

On connaît les inquiétudes des parents face à la maladie ou au handicap, les risques évolutifs, les contraintes médicales, scolaires, la réorganisation de la vie familiale, puisque, en réalité, tous les membres de la famille sans exception vont être concernés. Les parents constatent que, face à la maladie, la période d'adolescence redistribue les cartes, qu'une prise en compte de l'adolescent avec ses besoins spécifiques et ses projets va devoir être faite. L'adolescent ne doit jamais être exclu des décisions qui concernent l'acquisition de son autonomie et les limites de sa liberté. Ce principe semble être valable pour l'adolescent présentant un handicap intellectuel et qui risque, plus que d'autres, d'être totalement évincé des discussions et des décisions le concernant.

La juste place de la maladie

Avec ces difficultés, risquent de se développer de la part de certains parents des comportements de surprotection, pérennisant une attitude fusionnelle ; d'autant que l'adolescent peut avoir envie de rester dans une position infantile, y trouvant des avantages. D'autres parents peuvent avoir tendance à banaliser les choses, surtout si le handicap n'est pas visible, ou même à présenter une attitude de déni en essayant de vivre comme si tout était parfaitement normal, sans aucune contrainte.

Une autre attitude enfin consiste à vouer un véritable culte à l'égard de la maladie, risquant de concentrer la vie familiale autour des contraintes, des rythmes, des rendez-vous. Le risque est d'ignorer les besoins du corps, dès lors qu'il ne s'agit pas de ceux qui sont liés à l'aspect médical. La prédominance de la maladie se fait au détriment des autres membres de la famille.

Il n'est pas facile, pour que l'adolescent, dans un climat affectif serein, ait le sentiment d'être aimé tel qu'il est et non tel que ses parents souhaitent qu'il soit, de trouver un équilibre entre une prise en charge de la maladie non infantilisante et l'exercice d'un certain contrôle, entre une attitude non fusionnelle et la maîtrise de son angoisse, entre des sentiments qui poussent à dramatiser et d'autres qui poussent à banaliser la situation, entre un comportement de désinvestissement et un comportement de surinvestissement, sur le plan scolaire par exemple.

TENTER DE MOURIR

Le passage à l'acte suicidaire est un phénomène relativement rare. Si la mortalité est en diminution (actuellement entre 600 et 700 jeunes meurent tous les ans de suicide, alors qu'antérieurement ils étaient près de 900), la proportion de jeunes (garçons et filles) qui ont fait une tentative de suicide a d'abord augmenté entre 1993 et 1999 (de 6 % à 9 %) puis a diminué chez les garçons mais pas chez les filles.

Si la mort par suicide est plus fréquente parmi les garçons, la tentative concerne, dans deux cas sur trois, des filles. Cette atteinte au corps, particulièrement violente, est souvent précédée de troubles de la santé (une fatigue persistante, des troubles du sommeil...) et de consommations importantes (tabac, drogues illicites).

Sources : Enquête nationale auprès de 12 000 jeunes, Inserm, U 472 (Choquet, Ledoux), 1993 ; Espad 2003, Inserm (Choquet, Hassler, Morin) & OFDT (Beck, Legleye et Spilka), en collaboration avec le ministère de l'Éducation nationale.

Être parents d'un adolescent malade relève d'une situation complexe. Ceux-ci se situent en effet à la charnière entre trois interlocuteurs : l'adolescent, le milieu scolaire et le milieu médical. L'articulation n'est pas toujours facile à effectuer sur le plan de la communication ou sur celui des priorités à déterminer et à respecter.

Par ailleurs, les parents seront amenés à accepter d'eux-mêmes et de la part de leur adolescent des erreurs, des prises de risque qui traduisent une volonté d'émancipation dont la signification peut être positive. Comme pour tout autre, le but est que cet adolescent acquière autonomie et maturité sur les plans affectif et social, malgré les difficultés et dans le respect de ses besoins spécifiques.

Désordres du corps et de l'esprit

Il ne s'agit pas, dans le cadre de cet ouvrage, d'aborder les maladies psychiatriques en tant que telles, mais de pointer les troubles de l'adolescence qui peuvent représenter l'amorce d'une cassure dans le développement de la personne. Dans un chapitre précédent (*cf. Troubles*, p. 99) ont été repérées les raisons qui expliquent les moments de désorganisation liés à la mutation de l'adolescence. Le passage de l'ordre de l'enfance à l'ordre adulte ébranle le sentiment de continuité et d'intégrité du sujet. Le jeune ne peut plus se reposer en priorité sur ses parents. Il doit intégrer en même temps une autre image de lui-même, l'image sexuée d'un corps devenu physiquement et génitalement mature.

Dans la plupart des cas, les perturbations qui affectent les adolescents et qui sont à l'origine d'une consultation avec un spécialiste relèvent des troubles du comportement et des plaintes somatiques. Nous les évoquerons pour souligner ce qui constitue le caractère alarmant du symptôme. De même seront rappelées les grandes caractéristiques de ce qui constitue les psychoses, qui peuvent surgir plus particulièrement à cette époque de la vie. Ensuite, seront abordées la demande d'aide de l'adolescent et la manière pour les adultes d'y répondre au mieux. Il s'agit en effet de se situer entre deux positions extrêmes de banalisation ou de dramatisation · « C'est la crise, elle passera » ou « Il est fou, il est malade. »

La difficulté psychologique à l'adolescence constitue une urgence potentielle. Le retard dans les acquisitions cognitives, sociales, affectives coupe rapidement le jeune de certaines ouvertures personnelles, scolaires et professionnelles. Il contribue à l'isoler. Ce qui lui est renvoyé lui confère une identité fondée sur l'échec et risque de le repousser vers la marginalité.

Les troubles du comportement

L'adolescent a beaucoup de difficultés à reconnaître comme sien ce monde interne nouveau qui l'agite et l'effraie. Il sent à l'intérieur de lui des forces contradictoires entre volonté de conquête et désir de retourner vers l'enfance. Mais comment pourrait-il se représenter clairement le malaise qui l'agite ? Il s'efforce cependant d'en rendre compte en le concrétisant par une représentation qui passera préférentiellement par les actes et par le corps.

Les actes qui manifestent les troubles du comportement sont de deux ordres. Ils relèvent de conduites extériorisées, en général agressives vis-à-vis de soi-même ou des autres.

Ils peuvent à l'inverse prendre une forme passive d'inhibition ou de retrait. Par là, l'adolescent récupère un rôle actif et se protège de la pression qu'exercent sur lui son monde interne, avec ses pulsions, et la réalité externe, avec ses exigences et ses contraintes.

Des actes qui appellent

Par ces manifestations, l'adolescent a le sentiment de développer une maîtrise sur la réalité extérieure, en faisant passer au second plan le poids de sa réalité psychique.

Les conduites d'opposition en sont la forme la plus banale. Elles ne font que traduire un besoin d'ajustement de la distance relationnelle chez un adolescent en difficulté. Elles deviennent un problème par leur caractère répétitif et surtout quand elles coupent l'adolescent de ses échanges relationnels habituels et qu'elles contribuent à lui donner une image négative de lui-même.

En revanche, les fugues, les vols, les tentatives de suicide, les troubles du comportement alimentaire représentent des conduites plus préoccupantes qui appellent une intervention spécifique. Ces manifestations reflètent les difficultés de l'adolescent à gérer les conflits d'évolution et se traduisent par le recours à des modes de réponse négatifs dont nous avons déjà souligné un possible rôle pathogène.

Les fugues ne signent pas nécessairement une conduite pathologique, mais montrent que l'adolescent n'a pas d'autre moyen pour échapper à ce qu'il ressent comme une contrainte et un étouffement familial que de fuir à distance, au lieu de faire un travail psychique d'élaboration du conflit en cause. Le danger ne réside pas tant dans la fugue, rarement grave en elle-même, que dans le fait d'avoir choisi ce type de réponse, parfois annonciateur d'autres modes de recours aux troubles du comportement. On retrouve, par exemple, des antécédents de fugues dans 25 % des tentatives de suicide.

Les vols ne sont pas rares chez l'adolescent – notamment dans le porte-monnaie des parents. Ils traduisent un manque d'autonomie : l'adolescent pense qu'il ne peut acquérir ce qui lui fait plaisir qu'au détriment des parents (*cf. Communication*, p. 135).

Les tentatives de suicide semblent en augmentation. Le risque de récidive et de mort est plus important chez les garçons que chez les filles. La tentative de suicide traduit toujours un malaise important. Elle constitue surtout un mode de réponse particulièrement inadéquat à ses difficultés, puisqu'il met en danger la vie de l'adolescent, même si celui-ci n'a pas toujours véritablement envie de mourir. Il importe de ne jamais banaliser le trouble et d'exclure le terme de chantage qui, certes, confirme la signification relationnelle du geste suicidaire, mais lui confère une connotation manipulatrice péjorative qui ne peut être que blessante pour l'adolescent, en suscitant des réactions négatives dans son entourage.

CONSULTATION

Le nombre d'adolescents qui consultent chaque année pour accident est considérable : environ un jeune de 13 à 19 ans sur quatre. Ces accidents sont plus graves que ceux observés dans la petite enfance, car il s'agit le plus souvent d'accidents potentiellement sévères : accidents de la circulation (de deux-roues principalement), accident de sport.

Ces derniers sont le type d'accident le plus fréquent à l'adolescence et sont souvent responsables de séquelles fonctionnelles non négligeables, liées à des lésions épiphysaires (situées au niveau des cartilages de croissance et des articulations) frappant des organismes en pleine croissance.

Il est important que, par l'intervention d'un tiers, on aide la famille à trouver d'autres moyens d'expression que celui-ci, en sachant que l'adolescent n'est pas toujours prêt à renoncer dans l'immédiat à ce mode de comportement et qu'il peut être amené à le répéter sans que nécessairement cette répétition, certes fâcheuse en elle-même, signifie pour autant un trouble mental plus grave. Il ne devrait pas y avoir de tentative de suicide sans une hospitalisation même brève et sans une consultation spécialisée en psychiatrie.

La passion de la nourriture

Les troubles du comportement alimentaire sont également en augmentation de fréquence. Il s'agit essentiellement de l'anorexie et de la boulimie. L'une et l'autre atteignent beaucoup plus souvent les filles que les garçons, dans une proportion d'environ un pour dix.

Elles sont les deux faces d'une même problématique, l'anorexie reflétant la capacité de maîtrise de l'appétit, derrière laquelle se cache toujours la peur de devenir boulimique. La boulimie, qui accompagne l'évolution de plus de 50 % des cas d'anorexie, traduit au contraire la perte de cette possibilité de contrôle.

Le diagnostic de l'anorexie est relativement facile à faire dans la mesure où cette affection se traduit par une perte de poids rapide et importante, un arrêt des règles et surtout une absence d'inquiétude tout à fait particulière de la part de l'adolescente, ainsi qu'un déni de l'importance de cette maigreur. Il s'y associe également un trouble de l'image du corps : l'adolescente se voit trop grosse quel que soit son poids réel et manifeste à la fois sa peur de grossir et le désir d'être toujours plus mince. Il s'agit beaucoup plus d'une lutte active contre l'appétit que d'une véritable perte d'appétit. On peut dire que ces patientes sont de véritables « passionnées » de la nourriture car, tout en refusant de manger, elles collectionnent les recettes de cuisine, font manger les autres et sont toujours exagérément intéressées par tout ce qui concerne le domaine alimentaire.

Si l'anorexie se repère facilement par ses effets corporels, la boulimie, en revanche, peut être beaucoup plus secrète. D'abord parce qu'elle est ressentie par le sujet comme quelque chose de honteux, alors que l'anorexique est plutôt fière de sa capacité ascétique à ne pas manger. Les boulimies se réalisent en cachette, souvent à l'insu de la famille, et s'accompagnent de ce qu'on nomme les mesures de contrôle du poids, à savoir les vomissements, mais aussi la prise de diurétiques ou de laxatifs, ainsi que les exercices physiques exagérés, qui font que le plus souvent ces jeunes filles gardent un poids normal. Ce n'est souvent que des mois ou des années plus tard que le trouble est révélé et on peut alors constater l'ampleur des dommages : crises de boulimie pluriquotidiennes, avec ingurgitation impérieuse et rapide de grandes quantités de nourriture jusqu'à ce que survienne une douleur physique qui reste le seul moyen, souvent, d'arrêter la crise ; douleur suivie de vomissements et quelquefois de plusieurs crises successives, laissant l'adolescente épuisée, pleine de remords et dégoûtée d'elle-même. Ce dégoût pour soi-même fait que la boulimie s'accompagne souvent de manifestations dépressives, voire de gestes suicidaires. Elle provoque souvent des troubles somatiques graves en raison notamment de désordres entraînés par les vomissements.

Dans les deux cas, le pronostic vital peut être mis en cause ; près de 10 % des anorexiques meurent de l'affection ou de tentatives de suicide. Le danger est également dans le passage à la chronicité. Anorexie et boulimie sont des manifestations sérieuses qui nécessitent une réponse spécialisée.

La recherche de l'ivresse

L'alcoolisme de l'adolescent est un fléau dont l'importance est méconnue. Il est pourtant responsable, dans de nombreux pays mais aussi en France, de manifestations graves et violentes et de prises de risque qui peuvent être mortelles. Il s'agit souvent d'un alcoolisme impulsif où l'ivresse et recherchée et dont l'association aux autres troubles du comportement, et notamment la toxicomanie, constitue un facteur de gravité indéniable. L'image sociale de l'alcool fait qu'il est souvent mieux toléré que la drogue, alors que ses effets négatifs sont plutôt plus importants que ceux de la drogue. Il n'est pas rare d'ailleurs que les parents valorisent la « première cuite » chez le garçon, comme une sorte d'initiation qui le ferait entrer dans le monde des adultes mâles. L'association des deux images sociales, alcoolisme et virilité, contribue à son usage, notamment en groupe, et à son développement avec tous les risques que nous venons d'évoquer.

La toxicomanie est évidemment d'actualité. Elle est plus rare qu'on ne l'imagine chez l'adolescent par rapport à l'alcoolisme, mais elle est néanmoins en augmentation. Il est important de noter que ce sont les effets délétères propres aux drogues qui font sa gravité : ils créent des conditions d'accoutumance et en même temps démotivent et démobilisent les sujets qui n'investissent plus que dans ce mode de réponse, au détriment de leurs autres intérêts. Il est à remarquer que les conduites toxicomaniaques sont la plupart du temps précédées d'autres manifestations de recherche de stimulant : l'usage abusif de la cigarette et surtout la recherche d'ivresse ; il existe aussi une gradation dans la prise de drogues, qui va de celles que l'on nomme les plus douces aux plus dures.

Comme toutes les autres manifestations de type addictif, la prise de drogue ne peut être détachée du contexte de personnalité et du contexte familial et social dans lesquels elle survient. Il est malheureusement illusoire de penser que la seule réponse par le sevrage puisse être suffisante.

La fuite et le silence

Les conduites d'inhibition et de restriction d'activité de la personne sont difficiles à repérer car silencieuses et bien tolérées par l'entourage qu'elles dérangent peu. L'adolescent lui-même s'en plaint rarement. Elles apparaissent souvent et dans un premier temps comme l'expression d'un choix volontaire ou la manifestation de goûts personnels : il refuse de sortir car aucun camarade ne lui plaît, il n'aime plus telle activité... En réalité il fuit les situations de contact et d'exposition (par peur de rougir, par exemple), il désinvestit certains – ou la totalité – des apprentissages scolaires ou les situations où le corps est impliqué. La faute est rejetée sur l'extérieur. L'adolescent nie son implication personnelle et l'entourage a tendance à expliquer son comportement par des traits de caractère. En fait, ceux-ci ne se manifestent vraiment qu'à l'âge adulte et leur brutale apparition et accentuation doit toujours faire rechercher une angoisse sous-jacente que le comportement mis en avant a pour fonction de neutraliser.

On assiste au développement de situations de véritable enfermement à domicile d'adolescents, qui se coupent progressivement des contacts avec l'extérieur sans manifestation symptomatique particulière, apparemment non déprimés et présentant cet état comme un libre choix de leur part. Il ne faut pas s'y tromper ; un adolescent qui se replie ainsi sur lui-même, qui se coupe de ses sources d'investissement est toujours en état de grande difficulté psychologique. Il est impérieux de ne pas le laisser s'installer dans ce qui devient vite un « asile » à domicile et dont en général l'issue ne se trouve que dans des manifestations violentes de type suicidaire, prise de drogues ou même agression directe des parents. Il importe de remarquer que, si aucun symptôme ne se manifeste, c'est justement en raison de ce retrait qui le protège de l'angoisse que provoquent en lui la rencontre avec les autres et la confrontation à des exigences de réussite.

Une absence de désir

Une forme mineure de cette capacité de retrait défensif est ce qu'on a appelé la « bof génération », ou la morosité de l'adolescent. C'est-à-dire la manifestation – *a minima* – d'une absence de désir et de motivation. Il faut bien voir que ce comportement reproduit en général l'image en miroir (inversée) d'une avidité particulière de l'adolescent à s'affirmer et à recevoir mais, en même temps, une extrême sensibilité à la déception et à la désillusion. Celui qui affirme : « Je ne m'intéresse à rien » souhaiterait en fait que tout le monde s'intéresse à lui. Mais il n'est pas sûr d'avoir en lui les ressources suffisantes pour que cet intérêt se manifeste comme il le voudrait. Il s'agit souvent d'adolescents qui ont vécu dans des relations de grande proximité avec un ou plusieurs membres de leur famille pendant leur enfance, relations sous-tendues par des liens d'anxiété et souvent des états dépressifs chez l'un des parents. Les enfants n'ont pu créer de liens sécurisants ni faire la preuve de leur valeur propre. Ils ont été beaucoup plus portés par le regard des autres que par l'exercice d'activités propres et l'existence de plaisirs personnels.

Ces comportements de restriction peuvent également agir sur la vie pulsionnelle et imaginaire, jusqu'à la perte de tout désir ; ils ont pour effet d'appauvrir considérablement la richesse associative et imaginative de la pensée.

Il ne faut pas oublier que ce qu'il y a de plus grave, c'est toujours la perte des relations et l'absence d'intérêts. Non seulement ces états traduisent une angoisse majeure, mais ils laissent aussi l'adulte plus démuni quand il veut entrer en contact avec l'adolescent ou le motiver à renouer avec des relations ou des investissements antérieurs. Il faut donc agir le plus tôt possible.

Les souffrances psychiques

L'adolescence et surtout la postadolescence (autour de la vingtième année) sont des périodes d'élection pour l'éclosion des troubles psychiques les plus inquiétants, et en particulier de ce qu'on appelle les psychoses. On nomme ainsi les troubles où existe une perte de contact avec la réalité, comme la schizophrénie par exemple, dont les prémices, souvent insidieuses, amènent à l'évoquer dans des circonstances très diverses. Le diagnostic ne doit pas être porté à la légère et ne peut être retenu que lors des manifestations indubitables et durables, comme les signes de « discordance » qui se traduisent par des troubles graves de la pensée, des bizarreries sérieuses du comportement, un écart très important entre l'expression émotionnelle et le contenu des pensées éventuellement associées à des hallucinations et à des propos délirants.

Il faut savoir que peuvent apparaître également à l'adolescence des épisodes délirants, voire hallucinatoires, extrêmement saisissants et angoissants pour l'entourage. Ils présentent un caractère brutal, aigu, s'associent souvent à des troubles de l'humeur, à des manifestations d'excitation et de dépression ; ils sont souvent transitoires et passagers, nécessitent certes des soins spécifiques mais n'entachent pas nécessairement le pronostic d'avenir.

Des manifestations parfois spectaculaires

À côté de ces manifestations graves de la pathologie, existent toute une série d'autres troubles sans incidence importante sur le contact avec la réalité, mais qui peuvent être très gênants pour l'adolescent. Ce peut être l'hystérie de conversion, c'est-à-dire des manifestations somatiques spectaculaires comme la paralysie ou les troubles sensoriels, sans aucune lésion organique et qui peuvent régresser de manière tout aussi frappante que celle avec laquelle ils sont débuté.

De même, on trouve les phobies, peurs liées à des objets, à des êtres vivants (en général des petits animaux) ou à des situations (peur de traverser une place : agoraphobie ; peur des endroits fermés : claustrophobie), et qui généralement cèdent lorsque la personne est accompagnée par quelqu'un en qui elle a confiance. Il faudrait distinguer la phobie normale (souris, rat...) de la phobie plus proche de la pathologie, dans la mesure où elle présente un caractère envahissant extensif, et qui contribue à gêner les investissements du sujet. Peuvent apparaître également avec la puberté des obsessions qui parasitent l'esprit sous forme de craintes ou d'idées qui s'imposent au sujet qui ne peut les chasser de son esprit que par des moyens conjuratoires et des rituels qui peuvent devenir tout à fait contraignants.

Derrière ces manifestations se cachent souvent des états dépressifs dont le traitement peut diminuer considérablement l'ampleur de ces différents symptômes.

Du spleen à la dépression

La dépression est aussi un trouble particulièrement fréquent à l'adolescence. Elle s'étend de la simple morosité (le spleen) aux formes les plus graves de troubles de l'humeur, qu'il faut savoir dépister derrière les troubles divers du comportement. Un traitement spécifique est alors requis. Mais le dépistage comme le traitement relèvent du spécialiste.

Il faut savoir que la plupart des manifestations dépressives de l'adolescent sont passagères et révèlent en particulier des difficultés relationnelles. Une amélioration rapide peut être obtenue par le biais d'une psychothérapie, lorsque l'adolescent trouve un support affectif rassurant qui vient l'aider à gérer les conflits auxquels il ne peut faire face tout seul.

Le corps comme langage

La nouvelle apparence de son corps génère pendant un certain temps chez l'adolescent un sentiment d'étrangeté. Paradoxalement, son corps lui semble être ce qui lui appartient le moins. Celui-ci est d'abord le fruit de l'union des

•••• **Je me souviens**

Je crois me souvenir assez précisément du jour où je suis devenu adolescent. J'avais douze ans, ma mère venait me chercher à la sortie du lycée. Dans son sac, elle avait mon goûter que je mangeais en lui racontant ma journée, sur le chemin du retour vers la maison. J'ai commencé à apprécier de moins en moins sa présence devant l'école, face à mes camarades qui rentraient seuls, à apprécier encore moins le fait qu'elle voulait que je lui donne la main. Un jour, avant de quitter le lycée, j'ai fumé avec d'autres ma première cigarette dans les toilettes. Quand je suis sorti, j'avais mal au cœur et ma mère était là. J'ai refusé le goûter, je n'ai pas donné la main, j'ai vomi, j'ai avoué. C'était fait, elle n'est plus jamais revenue.

Laurent, 39 ans

parents et l'expression de leur désir. Il s'impose à l'adolescent sans que celui-ci ait le choix ni de son sexe ni de sa forme, alors qu'il peut au contraire avoir l'impression de choisir ses pensées et ses valeurs (*cf. Transformations*, p. 15). Le corps, qui est le lieu d'expression des ressemblances familiales, est volontiers considéré inconsciemment par les adolescents comme le représentant par excellence des parents. Nous l'avons déjà souligné, on peut considérer que la qualité du lien que l'adolescent entretient avec son corps est en liaison directe avec la qualité de ses relations avec ses parents. Aussi, quand l'adolescent attaque son corps, c'est en général une attaque contre le lien parental.

Derrière la plainte

La plainte somatique (qui concerne le corps), la dépréciation du corps ou d'une de ses parties sont des moyens pour l'adolescent de focaliser tout ce qui ne va pas, ses insatisfactions et ses rancœurs.

Les difficultés liées à la sexualité sont rarement exprimées comme telles par les jeunes, mais se retrouvent derrière l'ensemble de leurs plaintes, qu'elles soient d'ordre psychique ou physique.

L'adolescence est par excellence le temps des dysmorphophobies, c'est-à-dire des préoccupations envahissantes, excessives, concernant l'apparence du corps. En témoignent par exemple les rougeurs, qui concernent telle ou telle partie du corps et qui ont une signification symbolique, notamment quant à l'identité sexuelle. Elles créent une gêne diffuse qui se manifeste par la peur de rougir, symptôme typique de la puberté.

Le malaise de l'adolescent par rapport à tel ou tel aspect de son corps demande à être évalué par les adultes avec un certain doigté, surtout quand l'adolescent souhaite modifier son apparence physique. Une certaine marge de liberté peut lui être laissée, en évitant toutefois qu'il ne concrétise ses craintes et ses doutes par des demandes chirurgicales abusives et vaines.

À côté des troubles qui appartiennent exclusivement au domaine psychique, figurent les troubles psychosomatiques qui agissent aussi sur le corps (fatigue excessive, maux de tête, spasmophilie, crises tétaniques...) et les maladies psychosomatiques proprement dites, et, particulièrement à cette période de la vie, l'asthme et la maladie de Crohn.

Toute perturbation chez l'adolescent n'est pas signe de gravité, nous l'avons déjà souligné. Des repères permettent à l'entourage d'exercer sa vigilance : les troubles ont tous en commun un caractère de perte : perte des fonctions essentielles, du sommeil, de l'appétit, renoncement à des investissements jusque-là importants. Les troubles deviennent envahissants, répétitifs, durables, parasitent le fonctionnement mental ; l'adolescent perd sa spontanéité émotionnelle et manifeste une grande difficulté à trouver et à garder une bonne distance relationnelle.

La demande d'aide

Les adolescents formulent rarement une demande d'aide explicite. Ceci est dû à la difficulté d'appréhender ce qui est ressenti, ainsi qu'à la peur de se percevoir en situation d'attente à l'égard des adultes. Cependant, plus on s'éloigne du début de l'adolescence, plus il est possible que le jeune exprime une demande personnelle. La plupart du temps, la demande est indirecte et passe par les adultes qui s'occupent de lui, parents, enseignants, éducateurs.

Selon les cas, le thérapeute envisagera une approche essentiellement individuelle ou jugera que la participation de l'entourage, notamment familial, est une étape nécessaire du traitement. Dans sa démarche, quels que soient les motifs de la consultation, il doit savoir les entendre et ne pas les disqualifier par une méconnaissance de leur portée sur l'adolescent. Il respectera la forme de communication choisie par l'adolescent pour traduire son malaise et communiquer avec les autres.

Le thérapeute est pris entre deux dangers : avoir une attitude trop rassurante et donner à l'adolescent le sentiment qu'on méconnaît la réalité de sa souffrance (il ne faut donc pas chercher à rassurer à tout prix), ou inquiéter exagérément l'adolescent et sa famille. Il convient donc de ne pas utiliser des mots qui risquent d'être mal compris, de cristalliser l'angoisse des uns et des autres, et de contribuer ainsi à figer l'avenir de l'adolescent qui doit toujours rester ouvert.

Il est aussi important que le thérapeute prenne en compte tous les éléments positifs des difficultés et soit le garant de ce qui demeure de potentialités ouvertes chez l'adolescent. Il est en effet essentiel d'éviter que le jeune et sa famille se figent sur une image négative de lui-même et contribuent à organiser son identité autour des comportements et de symptômes les plus déviants. Acquérir une identité de toxicomane, d'anorexique ou d'alcoolique contribue à figer le destin de l'adolescent.

Le thérapeute évaluera donc la portée des risques. Ces derniers ne servent pas à enfermer l'adolescent et sa famille dans le carcan d'un pronostic défavorable, mais impliquent la mobilisation de moyens appropriés, afin de créer les conditions les meilleures pour un devenir toujours à construire, quel que soit le poids des difficultés.

Éviter à tout prix l'enfermement

Le thérapeute intervient en tant que tiers pour sortir la famille d'une situation d'impasse dans laquelle celle-ci est plongée. Il faut éviter à tout prix cette situation d'enfermement à une époque de la vie caractérisée, au contraire, par l'ouverture. Il est préférable de demander une aide, même si celle-ci devait se révéler inutile, que de laisser l'adolescent se morfondre. Peut-être manifestera-t-il son désaccord, mais il sera en fait soulagé, malgré ses protestations, de constater que son malaise a été remarqué.

L'adolescent qui n'arrive pas à faire face aux mutations qu'il est amené à vivre se trouve dans une grande détresse. Il est du devoir des adultes de l'aider.

Espaces

« D'écoute, de parole et de respiration. »

Tout au long de ces pages, nous avons tenté d'approcher les raisons profondes des difficultés de l'adolescent, caractérisées principalement par l'ambivalence : le désir de devenir adulte va de pair avec la peur d'abandonner le statut confortable de l'enfance. Nous avons constaté comment les parents, au-delà de leur rôle éducatif, étaient impliqués dans cette dynamique. Leurs propres souvenirs et expériences d'adolescents, la difficulté de renoncer à l'enfant idéal contribuent – parmi d'autres données – à « brouiller » la relation. Quand celle-ci devient trop difficile dans un face-à-face où tout le monde s'énerve et personne ne se comprend plus, la présence d'un tiers crée une situation nouvelle à partir de laquelle il devient plus facile à chacun de se situer, d'écouter, voire d'évoluer. Le tiers peut aussi jouer un rôle primordial de prévention des pathologies qui peuvent survenir à cet âge. Cette mission de « médiateur » revient en premier lieu au père ou à la mère – l'autre du couple le moins impliqué dans le conflit –, aux proches, famille ou amis qui ont souvent le mérite de dédramatiser la situation en calmant les esprits, en ramenant à leur juste mesure les difficultés. Beaucoup de bruit souvent mais, pour autant qu'on prenne du recul, peu de chose : retard, tenue, longueur des cheveux, hauteur de la minijupe, ton de la réponse, paresse...

L'appel à un professionnel vient souvent de ce que les parents se sentent débordés après une période trop longue de « harcèlement » ; ou lorsque les situations deviennent préoccupantes : difficultés scolaires répétées, fugue, drogue, tentative de suicide ; ou enfin quand le climat se dégrade brutalement alors que ceux-ci n'avaient rien vu venir et « tombent de haut ».

La parole et le temps

Que peut-on attendre d'un professionnel ? Tout d'abord, les parents qui y ont recours ne sont dépossédés ni de leur rôle ni de leur responsabilité. Un professionnel ne fait pas de miracle, il ne peut résoudre seul les oppositions, les désaccords, les conflits (parfois les drames) qui caractérisent souvent les rapports de l'adolescent avec ses parents. C'est au contraire la qualité de la relation entre les différents protagonistes qui inversera la tendance en un mouvement positif de changement.

Son premier rôle sera, après avoir recueilli les points de vue des deux parties, d'essayer de rétablir le dialogue en décrispant l'atmosphère et en proposant des solutions. L'autre rôle est de jouer sur la durée pour laisser à chacun le temps de réfléchir, de relativiser, de s'informer et de rectifier sa position.

Parmi ceux qui sont les plus proches de la famille : le médecin généraliste. Il connaît ses valeurs, sa culture, les « petites histoires » qui la caractérisent. Il tient compte du contexte en faisant preuve souvent de beaucoup de subtilité.

La situation du pédiatre n'est pas très différente, mais il est plus à l'aise avec les tout-petits. Souvent l'adolescent le dérange, sauf orientation personnelle. La spécialisation en médecine de l'adolescence est une option relativement récente.

Toutefois, tous deux s'assurent de la santé du jeune en procédant, sans la présence des parents qui ont été cependant prévenus, à un examen clinique complet. La restitution ne se fera qu'après accord du jeune sur « ce qu'on va leur dire », en sa présence, et de manière à en respecter l'aspect confidentiel. Sans « jouer les copains » pour autant : « Ceci doit être su par tes parents ; tu as le choix de dire ou de me laisser dire. » Fort heureusement les adolescents sont souvent en bonne santé. Comme ils consultent peu, il est bon de profiter de cette circonstance pour faire le point : le corps, nous l'avons souvent souligné, joue un rôle important, à la fois comme image et comme mode d'expression : la façon dont on le présente, qu'on le montre ou qu'on le cache.

Savoir écouter

Il est un moment où le médecin du corps ne veut ou ne sait pas prendre en charge le problème ; ou bien les parents sentent la nécessité d'une réponse plus adaptée. Il serait bon, alors, que l'adolescent soit dirigé vers quelqu'un d'autre. À qui l'adresser ? Le choix sera-t-il effectué à partir des institutions de santé (hôpital, dispensaire, centre médico-psychopédagogique, structures psychiatriques...)? Saura-t-on explorer les ressources de l'institution scolaire ? Ou recherchera-t-on directement le spécialiste (psychologue, psychiatre, gynécologue, dermatologue...)?

L'adolescent a besoin de quelqu'un à qui parler

Bien sûr, il est mieux que le spécialiste soit compétent : savoir écouter, montrer une empathie particulière, garder sa réserve et tenir à son statut : « Je suis psychiatre, je suis travailleur social, je ne suis pas ton copain... »

À partir d'entretiens avec des professionnels, nous présentons ici les différents spécialistes pour permettre de mieux cerner leur domaine de compétences, clarifier les rôles, tout en privilégiant une approche sensible des fonctions. Chacun exerce dans un champ particulier, avec ses règles et sa déontologie, mais aussi avec un questionnement constant de sa pratique.

Mais bien d'autres professionnels auraient pu être cités, notamment dans les domaines social, culturel ou sportif. De nombreux adultes sont aussi amenés à exercer un rôle déterminant auprès d'un jeune, et parfois à son insu. Un mot, un geste sauront rendre tout à coup l'élan qui venait à manquer. C'est parce qu'ils auront su à un moment clé ne pas se « débarrasser » de l'adolescent, faire preuve d'attention, prendre en compte sa demande, en gardant à l'esprit que celui qui leur fait face est une personne à part entière.

Le médecin généraliste

Le médecin généraliste est l'interface entre la population et la santé. C'est un praticien qui a une vision globale des individus. À ce titre, et malgré une tendance à l'hyperspécialisation de la pratique médicale actuelle, nombre de généralistes sont confrontés aux problèmes que peut poser le patient adolescent.

Un des aspects caractéristiques de l'exercice de la médecine générale est en effet le suivi des familles, parfois pendant de très longues années lorsque la confiance s'est établie. C'est pourquoi le « médecin de famille » est très souvent un premier interlocuteur désigné, pour la simple raison qu'il connaît l'adolescent depuis sa plus tendre enfance. Il dispose des éléments qui le renseignent non seulement sur l'évolution de son jeune patient, mais encore sur ses parents, leur état de santé ou les divers problèmes qu'ils connaissent ou ont pu connaître. Il est alors dans une position plus favorable pour identifier un problème purement somatique (généralement une pathologie très courante, car les adolescents sont en bonne santé) ou une « mauvaise passe » psychologique. Ces consultations sont aussi des moments privilégiés pour parler d'hygiène de vie, de nutrition, de sommeil et effectuer un travail de prévention en matière de tabac, d'alcool ou de maladies sexuellement transmissibles (MST).

Même s'il fait un peu partie de la famille, le médecin généraliste veille à conserver cette distance qui est un des moteurs de la médecine générale, en ne s'impliquant pas outre mesure dans la vie des gens et en ne prenant parti pour quiconque. Attentif, par exemple, aux propos inquiets d'une mère d'adolescent, il fera en sorte de ne pas devenir pour autant le bras de levier de sa sollicitude. Il recevra le jeune seul en consultation, quitte à informer ensuite ses parents, ou à les recevoir ensemble. Cependant, on peut tout à fait comprendre qu'un adolescent souhaite voir un autre médecin que celui de ses parents. Tout généraliste se sent tenu de manifester un respect identique à ses patients, y compris à ceux qu'il a vu grandir. C'est pourquoi, un jour, il estime le temps venu de les vouvoyer, parfois à leur grande surprise.

Lorsqu'un adolescent consulte pour la première fois un généraliste, même pour une cause apparemment banale, celui-ci pratique un examen complet. C'est une excellent entrée en matière, tant pour faire le point sur la santé que pour jeter les bases d'une communication de qualité qui permettra au patient d'évoquer ce qui éventuellement le préoccupe, et au médecin d'informer, de rassurer et bien sûr de traiter.

Le motif de ces consultations est souvent le même : le manque d'entrain, la fatigue, la déprime. Ces symptômes peuvent avoir des origines diverses qui doivent être patiemment analysées, en ne négligeant aucun élément du contexte familial, relationnel ou scolaire. Peuvent s'amorcer alors des discussions plus profondes qui rendront sa vitalité à l'adolescent ou l'aideront à mieux se situer dans son environnement. Pudeur, timidité, difficultés à exprimer un malaise ou une angoisse à propos de modifications ou de manifestations corporelles, simple ignorance parfois, la consultation d'adolescent est un moment intense pour le médecin.

Il manifestera aussi tout son art lorsque, sollicité pour un certificat médical qui dispense du sport ou de la piscine, il saura entendre, au-delà du prétexte, qu'il s'agit d'autre chose.

Si le médecin généraliste peut prendre en charge les questions posées par le plus grand nombre (et il devrait l'être de plus en plus grâce à la formation continue spécifique des médecins généralistes), il sait aussi faire appel aux spécialistes. Si une jeune fille maigrit sans raison organique, s'il repère des troubles comportementaux organisés, ou si sa médiation n'a pu dénouer les problèmes familiaux qui retentissent sur la santé, c'est sans hésiter que le généraliste adressera ces adolescents et leur parents aux consultations spécialisées.

Le pédiatre

Aujourd'hui, le pédiatre, ce « médecin généraliste d'enfants », accompagne de très nombreuses familles dans la découverte de leur bébé, puis, à travers le rythme régulier des consultations, dans la relation avec cet être qui grandit et se transforme. C'est un praticien qui a une vision globale de la santé des jeunes. En ville, il est fréquent qu'un enfant soit suivi par le même pédiatre jusqu'à l'entrée en sixième, soit dix ou onze ans. L'entrée au collège peut en effet constituer un moment de transition, correspondant au début de la puberté. Le pédiatre voit donc assez peu d'adolescents, sauf lorsqu'il en a fait une « spécialité ». La consultation d'adolescent demande une grande disponibilité, la confiance y est essentielle, le « secret » indispensable, et la position doit être juste, ni paternaliste ni complice. S'il se trouve pris dans les relations parfois difficiles que l'adolescent entretient avec son entourage, il touche là aux limites de sa pratique.

Lorsqu'il arrive pourtant que le pédiatre de ville voie des adolescents, il les voit seuls. L'examen clinique reste un moment privilégié de dialogue, permettant d'établir une relation thérapeutique différente, dont le but est que l'adolescent se sent impliqué dans une réelle alliance de travail. Ce bilan organique nécessite parfois l'intervention d'autres spécialistes. Mais, en général, il ne révèle que fatigue, troubles du sommeil ou « maux de ventre » – qui sont des « mots de ventre », c'est-à-dire d'anxiété qui ne trouve pas à s'exprimer autrement.

Comme nombre d'autres « partenaires » de l'adolescent, le pédiatre constate à quel point ceux-ci sont préoccupés par la scolarité, la crainte de l'échec. Son travail consiste là à restaurer la confiance du sujet en lui-même, mais également dans sa relation avec ses parents. Il suffit souvent de dédramatiser et de jouer transitoirement le rôle d'un conciliateur, pour que les choses rentrent dans l'ordre.

Sur le plan de la relation du jeune avec son corps, avec sa santé, il s'agit essentiellement pour le pédiatre de rappeler combien il est important de bien se nourrir, d'avoir un rythme de vie qui ménage des temps convenables pour le sommeil, les loisirs, le travail et le sport. Chaque individu doit veiller à prendre soin de son corps, mais aussi, dans la mesure du possible, l'accepter tel qu'il est, en donnant une place raisonnable aux critères esthétiques.

Si le pédiatre constate qu'un adolescent connaît des difficultés psychologiques particulières qui semblent s'installer dans la durée, après en avoir parlé avec les parents il demandera un avis à un spécialiste.

La prise en charge de l'adolescent en difficulté peut être confiée en cas de besoin à une équipe spécialisée. Quelques pédiatres en France ont été à l'origine de la création de services d'adolescents ou d'unités de soins pour adolescents. Cette prise en charge pourra être pluridisciplinaire, ouverte sur l'extérieur, respectant les rôles et les fonctions de chacun à l'intérieur de l'équipe soignante et également par rapport aux autres structures concernées par les adolescents (médecine de ville, organismes sociaux, sauvegarde de l'enfance, établissements scolaires, justice).

Le dermatologue

La peau est plus qu'un simple tégument destiné à maintenir en place notre squelette. Frontière réelle, elle est aussi une frontière symbolique en rapport avec l'image que nous nous faisons de notre corps. La peau nous fait un et nous présente à l'autre : la peau est relationnelle.

Témoin et dépositaire de nos relations affectives, la peau change d'aspect, de texture au cours de la vie. Si la plupart de ses modifications sont normales, il en est qui nécessitent tout de même une vigilance certaine. Causée par des bouleversements hormonaux, l'acné, par exemple, est fréquente au cours de l'adolescence et doit être convenablement traitée.

Ainsi, pour qu'autour de l'acné ne s'altèrent ni les relations familiales, ni les relations avec les pairs, ni l'image que l'adolescent a de lui-même, et que soient évitées des cicatrices trop souvent définitives, la consultation auprès du dermatologue est justifiée.

Non pas que le généraliste qui suit habituellement l'adolescent ne puisse se charger du traitement, mais ce nouveau tiers peut accroître les capacités du jeune à prendre en charge ce problème, ce qui est fondamental. L'acné est en effet une course de fond. Les soins sont quotidiens, même s'il existe aujourd'hui un éventail assez large de produits et que le dermatologue peut discuter avec le patient de la fréquence d'application de certains d'entre eux. C'est pourquoi, passé la première consultation à laquelle il se rend souvent accompagné de sa mère, il est ensuite préférable qu'il se trouve seul aux suivantes, dont la fréquence n'excédera pas deux à quatre fois par an.

L'acné possède toujours une importante fonction dans l'économie de la relation mère-adolescent. Désireuse de voir se perpétuer le lien de la petite enfance, celle-ci veut veiller au traitement, voire parfois l'appliquer. Or, comme l'indiquent les dermatologues, plus il y a d'intrusion de la part de la mère, plus cela induit de la passivité chez l'adolescent. Elle doit donc lâcher prise, proposer son soutien ou sa présence, mais jamais plus. La consultation chez ce spécialiste peut ainsi permettre que se déplacent des enjeux relationnels, que le sujet s'appartiennent ou se redynamise.

D'autant que l'aspect parfois assez rébarbatif de son visage ne facilite pas les relations que l'adolescent entretient avec le reste de son entourage. Même si l'acné permet à certains de repousser une entrée dans la sexualité qu'ils redoutent, dans la plupart des cas les boutons sont un douloureux feu rouge aux relations amoureuses. Cette blessure narcissique est parfois augmentée par le jeune lui-même, lorsque, avec des sentiments complexes d'inquiétude, d'angoisse ou de plaisir, il tripote ou perce ses boutons. La qualité de la relation établie avec le dermatologue peut permettre de réfléchir ensemble aux moyens d'abandonner cette petite manie. Par ailleurs, la fréquence des tumeurs évolutives appelées mélanomes malins a triplé en quinze ans et ceux-ci nécessitent un diagnostic précis. Avec ce praticien l'adolescent apprendra en outre à regarder son corps régulièrement, à noter d'éventuelles modifications de sa peau, à prendre en charge sereinement mais efficacement sa santé.

Le dermatologue est également vénérologue, ce qui fait de lui un interlocuteur de choix pour aborder des questions relatives à la sexualité, aux MST et au sida. Ses réponses iront alors dans le sens de la prévention bien comprise, celle qui informe et fait tomber l'angoisse, plutôt qu'elle ne la suscite.

Le gynécologue

Pour la jeune fille, se rendre pour la première fois chez un gynécologue n'est pas un moment anodin. Si ce rituel adulte peut lui paraître valorisant, il peut aussi, y compris pour cette raison, l'inquiéter.

La consultation de l'adolescente ne se justifie donc que lorsque celle-ci le souhaite, présente des symptômes gênants ou encore si elle est tracassée par quelque chose. Certaines conditions favorisent alors le bon déroulement d'un protocole qui durera de longues années.

Tout d'abord, le choix du gynécologue devrait être l'affaire de la jeune fille. Avoir le même que celui de sa mère n'est vraiment pas une bonne idée, même si cela peut paraître plus simple ou plus convivial. Si toutefois le praticien choisi devait être celui de la mère, l'accord de la jeune fille doit alors être franc, et il faut l'assurer de la confidentialité des consultations. Pour le médecin, la première consultation en tête à tête consiste aussi dans l'aménagement ou la réorganisation de la relation mère-fille. Il lui faut mettre en scène la séparation de leurs deux corps, maintenant deux corps de femmes adultes, dans un climat de tendresse féminine. Trop de jeunes filles voient encore le gynécologue pour faire plaisir à leur mère, consciente, elle, du bien-fondé des visites régulières. Pour sophistiquée qu'elle puisse paraître à certains, cette première tâche du praticien est fondamentale pour la suite. L'examen gynécologique n'est pas obligatoire dès la première consultation. L'échographie permet aujourd'hui de le différer, le temps pour le gynécologue de banaliser cet examen aux yeux de l'adolescente. Lorsque l'examen est pratiqué, il se déroule avec naturel et encourage l'adolescente, devenue responsable de sa propre santé gynécologique, à prendre elle-même les rendez-vous suivants, à consulter simplement.

Ce sont les métamorphoses de leur corps qui fascinent ou angoissent les adolescentes. « Qu'est-ce qui m'arrive ? Suis-je normale ? » sont les plus régulières des questions. Mettre en place la réalité du corps est une autre fonction du gynécologue. Il contribue à ce que la jeune fille s'approprie son corps, le reconnaisse et l'apprivoise tel qu'il est. Il expliquera que le corps est un capital de fertilité, de plaisir, un potentiel de vie. Qu'il faut l'aimer et le protéger.

C'est pourquoi l'explication de ces métamorphoses ouvre généralement sur une éducation sexuelle. Éducation qui s'est colorée depuis quelques années de nouvelles réalités. Il est en effet aujourd'hui aussi important que les adolescentes se protègent des MST que d'une grossesse non désirée. Le gynécologue accompagne donc l'évolution de la contraception, en se gardant d'être l'agent d'une surenchère dont l'objet serait de verrouiller tous les risques. Car il n'est pas rare qu'il soit sollicité pour agiter le spectre du sida. Guidés par de bons sentiments, les parents le sont aussi parfois par leur difficulté à accepter que leur fille ait des relations sexuelles. Même si les parents et le médecin traitant peuvent appeler le gynécologue, mieux vaut essayer d'en débattre avec la jeune fille plutôt qu'avec lui, son statut impliquant la neutralité.

Cela va sans dire, son propre niveau de conscience, d'information et de responsabilité lui fait tenter d'engager les 16-18 ans à adopter des comportements sexuels sûrs, qu'il expliquera sans induire une peur inhibante, et qui seront d'autant mieux acceptés qu'ils émanent d'un adulte extérieur.

Le gynécologue est également formé à identifier les troubles du comportement chez l'adolescente. Dans un tel cas, il informe les parents et peut les orienter dans la recherche d'une solution.

Les enseignants

Les enseignants sont avant tout des pédagogues, dont la mission est de faire acquérir les connaissances qui seront utiles à chaque élève pour son intégration future dans le corps social. Ce simple énoncé campe la difficulté à remplir aujourd'hui cette mission, car la société justement a changé, et avec elle les relations qu'entretenaient enseignants et élèves, enseignants et parents, parents et enfants. Ces relations sont toutes profondément affectées par la modification de nos valeurs, en particulier le rapport à la « liberté », à l'« autorité », dans un contexte économique qui fait de la scolarité secondaire la mise sur orbite soit de l'« échec », soit de la « réussite ». On le voit, des tensions sont inévitables, mais elles peuvent être parfois bénéfiques.

Si les enseignants, selon l'avis de certains d'entre eux, ont de plus en plus de mal à remplir leur fonction, c'est que le profil des élèves n'est plus le même. On ne peut plus dire : « Assieds-toi, prends un crayon et travaille. » Il faut plus, notamment face à l'adolescent. Plus d'outils peut-être, une sensibilisation, une formation sur cette étape de la vie, et aussi plus de soutien de la part des parents qui oscillent parfois entre une attitude rigide causée par l'angoisse de l'échec et une attitude de délégation de pouvoir pure et simple.

Pour autant que cette toile de fond existe, il n'empêche que les enseignants passent beaucoup de temps avec les adolescents, qu'ils les connaissent, finement ou à gros traits selon les cas, mais assez pour être des tiers déterminants, et très utiles en cas de problème.

Qu'apporte un rendez-vous avec un professeur ? Déjà, pour l'adolescent, le sentiment que les parents s'intéressent à lui. Une manière d'entrer un peu dans son univers et de pouvoir ensuite en parler. Parents et enseignant, dans un échange à deux ou à trois avec le jeune, quittent l'univers du « résultat » pour entrer en relations. L'enseignant voit travailler l'adolescent, sait reconnaître en lui des aptitudes, des capacités d'attention, de concentration, de mémoire (ou l'inverse). Il connaît aussi son degré d'intégration dans le « groupe classe », s'il est actif ou passif.

Sans omettre le rôle du conseiller d'orientation, il peut aussi donner des indications sur des orientations possibles. En échangeant avec les divers enseignants de l'établissement, un professeur dispose de renseignements qui peuvent éviter qu'un jeune ne s'engage sur une voie qui ne serait pas la sienne, car compte sera tenu à la fois de ses qualités et de ses limites.

Même si son autorité est souvent contestée, l'enseignant dispose de moyens certains pour stimuler les adolescents qui, à son avis, en ont besoin. Faire fonctionner le « groupe classe », pour que les jeunes se soutiennent entre eux face aux angoisses à propos de l'avenir, et être vigilant à ces groupes « SOS » de fond de classe, dont l'agitation témoigne du mal-être. Encore qu'un adolescent trop « sage » puisse tout autant l'éprouver… L'enseignant alerte alors les parents, mais jamais ne se substitue à eux, ni jamais ne joue au « bon parent ».

Dans les établissements où l'équipe enseignante est soudée, des informations s'échangent à propos des élèves, non seulement à propos de leur travail mais aussi de leur comportement en général. Cela permet d'autant mieux d'appeler l'attention des parents ou du médecin scolaire sur d'éventuels troubles de la personnalité.

Les enseignants vous le diront : ils peuvent être vigilants, bienveillants, attentifs et tolérants, mais pas parents de vos enfants. Ils ne sont pas payés pour cela !

L'infirmière scolaire

La plupart des établissements du second degré disposent d'une infirmière qui, selon les directives du *Journal officiel*, « accueille les élèves pour quelque motif que ce soit y compris d'ordre relationnel ou psychologique, dès lors qu'il y a une incidence sur la santé, et, si besoin est, elle les oriente vers le médecin scolaire ou l'assistante sociale ».

Ceci étant posé, selon les établissements, selon la personnalité de l'infirmière et selon la manière dont elle perçoit son rôle, les adolescents et même leurs parents peuvent tirer grand bénéfice de sa présence, de son écoute et de ses interventions.

Dans bien des souvenirs d'enfance, l'infirmerie est ce lieu complice où l'on pouvait se retirer, prétextant d'un mal de dent ou de ventre, pour échapper à l'interrogation écrite, à la mauvaise note, au travail non fait. Sucre imbibé d'alcool de menthe, tisane, cachet d'aspirine, les traitements toujours identiques faisaient toujours effet, et l'on repartait guéri, content d'avoir volé à l'école ces moments de plaisir « comme à la maison ». Même lorsqu'il s'agit de grands adolescents, de première, de terminale, ce rôle complice est maternel de l'infirmerie existe, mais, en règle générale, l'infirmière l'utilise aujourd'hui pour établir un dialogue fructueux. Elle est consciente des difficultés réelles qu'ont à vivre certains adolescents avec leur corps qui change, leur avenir qui les angoisse, leurs problèmes de communication. Il n'est pas indispensable d'être malade pour la rencontrer et aborder n'importe quel problème, y compris les plus quotidiens, ceux qu'un nombre croissant de parents n'ont plus le temps d'aborder. L'infirmière donne des conseils simples et très adaptés, relevant le plus souvent de l'hygiène de vie. Des cohortes de jeunes filles, de jeunes gens se plaignent d'étourdissements, de coups de pompe, de trémulations qui sont simplement dus au manque de sommeil, à une alimentation irrégulière ou fantaisiste, à base de sucreries, à une absence totale de petit déjeuner. Son rôle est également de mettre un délai à la réponse chimique qu'on attend d'elle, de démédicaliser ces petits malaises, imputables finalement au mauvais usage du corps ou à l'anxiété.

Lorsqu'elle gagne la confiance des adolescents, l'infirmière est un adulte référent à part entière. Informée d'une dégradation des relations familiales, il n'est pas rare qu'elle prenne contact avec les parents et les incite à faire à leur enfant le petit signe qu'il attend.

Des états d'anxiété durables peuvent affecter certains adolescents. Ils se manifestent fréquemment au lycée, et prennent la forme de « crises de tétanie » parfois spectaculaires. Capable de gérer la phase d'état de ces malaises, en appelant les pompiers si nécessaire, l'infirmière ne se contentera pas de distribuer calcium ou magnésium. Elle encouragera non seulement à consulter un médecin mais aussi à prendre en compte les facteurs psychologiques évidents qui déclenchent ces crises. Il nous a été rapporté par une infirmière particulièrement observatrice que les trois quarts des crises de tétanie sont liés aux problèmes d'orientation et ont lieu durant le premier trimestre. Elle ajoute que ces malaises disparaissent souvent avec un geste affectueux.

L'infirmière combat aussi l'usage des médicaments psychotropes qu'utilisent déjà certains, à l'insu de leurs parents et le plus souvent sans contrôle médical. Il lui faut accompagner certaines jeunes filles dans leur désir parfois sans mesure de maigrir : elle indique alors les consultations hospitalières sérieuses. En outre, elle est habilitée à organiser avec le chef d'établissement et le médecin scolaire des réunions d'information sur la contraception et la prévention des MST ; et intervient au conseil de classe lorsque des problèmes de santé ou familiaux méritent d'être exposés.

On le voit, les infirmières en poste auprès d'adolescents ont et peuvent jouer un rôle important. Mais elles n'oublient pas que, à l'adolescence parfois, « avoir des problèmes c'est exister ». D'où quelques éventuelles majorations de ceux-ci...

Le médecin scolaire

Il y a environ 1 500 médecins scolaires, dont le rôle, le plus souvent, est soit méconnu, soit méjugé. Dans de nombreux esprits, le médecin scolaire est un fonctionnaire que les divers aléas de la pratique libérale ont rebuté, et dont la mission se borne à peser, toiser et réclamer, mal à propos, carnets de santé et vaccinations. Cette image tend pourtant à changer.

Consciente de l'évolution des besoins, la médecine scolaire n'est pas restée figée dans des missions d'un autre âge. Son optique se situe aujourd'hui à la charnière de la santé publique et de la santé individuelle ; et si elle ne soigne pas, elle va où personne ne va et constitue un observatoire remarquable de la santé.

Tout d'abord, le médecin scolaire effectue un travail individuel mais aussi collectif, puisqu'il entretient des relations étroites avec l'assistante sociale, l'infirmière et le corps enseignant, tous susceptibles de lui adresser un adolescent donnant des signes de mauvaise santé ou de difficultés. Tout élève peut lui-même solliciter le médecin qui, si nécessaire, verra ensuite les parents. Lorsqu'une famille connaît des problèmes liés à l'état de santé de ses enfants ou à ses conditions matérielles d'existence, le médecin scolaire peut les orienter vers les structures aptes à leur venir en aide.

Mais surtout, lors du seul bilan de santé obligatoire au cours du cycle secondaire, le médecin scolaire peut avoir une fonction irremplaçable auprès des jeunes. Cet examen va au-devant de la demande de ceux sur qui on le pratique, et représente une occasion unique d'anticiper leurs questions, avec respect, sans intrusion. C'est un moment favorable pour dire la normalité et sortir certains d'un sentiment de solitude et d'inquiétude à propos des modifications de leur corps. Expliquer par exemple aux garçons la normalité de la gynécomastie, c'est-à-dire l'augmentation anormale des glandes mammaires chez l'homme, et faire disparaître ce sentiment de gêne qui les dissuade de fréquenter la piscine. De même, aller au-devant des plus pudiques avec des questions simples comme « Comment vous voyez-vous ? » « Quelle perception avez-vous de votre santé ? » peut débloquer des situations, revaloriser certains et permettre une prise en charge du corps et de la santé par le sujet lui-même.

Voir tous les élèves d'une classe d'âge, en gardant à l'esprit que chacun est unique, donne une certaine assurance, en prenant appui sur les transformations du stade pubertaire, pour permettre l'évocation de ce qui change dans la tête et les sentiments, et qui n'est pas facile à vivre. Sans être intrusif, à nouveau, le médecin scolaire peut mettre des mots sur des blancs, donner des pistes puis laisser faire le chemin.

Mis au courant par les enseignants, l'assistante sociale ou l'infirmière des thèmes relatifs à la santé qui les intéressent, le médecin scolaire participe à des réunions d'information et de prévention au cours desquelles les adolescents seront renseignés sur les structures-relais qui peuvent leur être utiles (centres de dépistage anonyme et gratuit des MST, centres de planning familial, etc.). Mais pas d'attitude « orthopédique », on propose seulement.

À l'échelle de la santé publique, la médecine scolaire essaie de toucher les jeunes qui ne vont pas chez le médecin, notamment dans les couches les plus défavorisées de la population, et effectue un travail de réseau avec les divers services concernés. Elle peut, en outre, signaler les mauvais traitements à la justice lorsqu'elle les identifie, ou encore favoriser l'intégration des jeunes handicapés en milieu scolaire normal.

Enfin, être médecin scolaire, c'est être médecin en milieu de travail, et œuvrer pour qu'une orientation professionnelle positive tienne compte de l'état de santé de chaque adolescent.

L'assistante sociale scolaire

Qui est l'assistante sociale scolaire aujourd'hui ? Après avoir poursuivi des études spécialisées durant trois ans, elle prend en charge le suivi des effectifs de plusieurs établissements. À l'Éducation nationale, il n'est pas rare que ce soient trois ou quatre. Elle assure des permanences une à deux fois par semaine, et reçoit quiconque le lui demande sur rendez-vous.

De nombreux parents pensent à la rencontrer, quel que soit le problème qu'ils veuillent évoquer. Elle peut leur ménager des entrevues avec le conseiller d'orientation, ou les diriger vers des consultations spécialisées, médicales ou psychologiques.

Pour intervenir, l'assistante sociale tient compte aujourd'hui de nombreux paramètres. Non seulement le contexte social, économique, familial et psychologique dans lequel un jeune évolue, mais aussi des valeurs auxquelles lui ou sa famille peuvent tenir, qu'ils revendiquent. Ses conseils ne sont pas un discours plaqué, ils sont adaptés à chacun.

Par ailleurs, si l'assistante sociale peut toujours être appelée par le médecin scolaire, le directeur d'établissement ou les professeurs, il faut noter un changement important : de nombreux élèves s'adressent directement à elle. Dans certains établissements, il n'est pas rare qu'un quart d'entre eux ressentent un jour ou l'autre l'envie ou le besoin de pousser la porte de son bureau. Cette demande exprime la priorité que ces jeunes donnent aux problèmes relationnels, et leur puissant désir de contribuer personnellement, mais avec l'aide d'un tiers, à leur règlement. Si les problèmes scolaires viennent en tête, avec notamment les difficultés de contacts avec certains enseignants, ils sont bien souvent familiaux, ou liés aux difficultés économiques et sociales des familles. Lorsqu'elle est bien implantée, qu'elle a fait comprendre la simplicité de la démarche pour dialoguer avec elle, l'assistante sociale est d'une aide ponctuelle ou durable réelle. Le plus souvent, elle se contente de pondérer l'adolescent, et, par l'échange, de l'aider à reprendre confiance en lui, en ses proches, en l'institution scolaire s'il s'en estime incompris. Elle ne ménage pas ses efforts, elle voit les professeurs ou les parents, et propose d'autres entretiens pour apporter une certaine continuité dans cette relation de confiance. Lorsqu'elle collabore avec la direction, assiste au conseil de classe ou reçoit les parents, elle avertit toujours l'adolescent des propos qu'elle va tenir sur lui. Ce qui lui vaut très souvent de voir revenir des adolescents après le règlement des conflits.

Il existe pourtant des problèmes plus graves, toxicomanie débutante ou installée, mauvais traitements, alcoolisme d'un parent ou encore parent trop isolé et en détresse, qui mettent l'adolescent réellement en grande difficulté. Certains adolescents s'en ouvrent spontanément, mais si l'assistante sociale reste attachée à son rôle de médiateur, elle doit alors réintroduire des limites, remettre chacun dans son rôle, et faire intervenir les spécialistes ou services concernés. Lorsqu'il est nécessaire qu'elle s'entretienne avec les parents, c'est dans le respect de ce qui peut être leur singularité, qu'il s'agisse notamment de différences culturelles ou du mode de vie des familles ou de leur organisation.

Si des mesures doivent être prises, l'assistante sociale veille avant toute action à ce que celles-ci soient comprises et intégrées par les intéressés, adhésion sans laquelle aucun travail ne peut être bénéfique. Elle travaille alors en étroite collaboration avec le médecin scolaire.

Les associations de parents d'élèves

On n'y pense que très rarement, mais les fédérations de parents d'élèves, la FCPE et la PEEP, qui sont les plus représentatives, peuvent jouer un rôle de conciliation lors d'un conflit entre un adolescent et sa famille et l'institution scolaire. Bien sûr, ce rôle est limité et dépend du chef d'établissement, mais il vaut d'être évoqué. Les délégués participent au conseil de classe et au conseil d'établissement, et se réunissent chaque mois. Leur appréciation de certaines situations peut être assez juste, puisqu'ils les perçoivent à la fois de l'intérieur et de l'extérieur. Ils sont en mesure de signaler, par exemple, les manquements qui sont parfois le fait de certains enseignants, comme les difficultés rencontrées par des élèves dont les parents ne se manifestent pas. Cela permet d'éviter l'arbitraire de quelques décisions, qu'elles soient liées à des sanctions ou à des orientations.

Lorsque se réunissent les commissions d'appel aux orientations des conseils de classe, les parents délégués y représentent les parents de l'élève, et font valoir leur point de vue. Il n'est pas rare que des décisions d'orientation soient revues, grâce aux renseignements que donnent les parents aux délégués, sur la personnalité, les désirs et les limites de leur enfant.

Par ailleurs, les délégués sont très au fait de la vie intime de l'établissement scolaire. Il arrive que des élèves aient des comportements violents ou perturbants pour leurs camarades, qui n'osent pas, par crainte de représailles, s'en ouvrir à leurs parents ou au censeur ; les délégués, eux, alerteront la direction. Il arrive aussi que des sanctions disciplinaires se trompent de destinataires. Les parents ou les élèves eux-mêmes peuvent saisir les fédérations de leur cas, et les délégués interviendront auprès du chef d'établissement afin d'apporter les éléments de l'objectivité.

Le psychologue

Lorsque l'on observe l'évolution des relations familiales au cours des âges, un des faits marquants est l'intérêt croissant que les parents ont porté à leur progéniture. En quelques siècles, nous sommes passés d'une immense indifférence à une attention passionnée, parfois même excessive. Dans un raccourci, nécessaire aux objectifs de cet ouvrage, on peut dire que l'apport des sciences humaines y est pour beaucoup, par les connaissances sur la psychologie qu'elles ont mises à la disposition du public, et par le respect de l'individu, de ses souffrances, que celles-ci fondent.

Dans ce contexte, et notamment ces vingt dernières années, il est devenu assez banal de faire appel aux compétences des psychologues dans la régulation ou le traitement des dysfonctionnements individuels ou familiaux.

Confrontés, douloureusement parfois, à la « crise de l'adolescence », les parents voient en la personne du psychologue ce tiers désigné, rêvé même, qui, par son intervention, les sortira d'un mauvais pas. Non qu'il faille ici apporter un démenti à cet espoir, mais il convient, en partie pour que le travail du psychologue soit efficace, d'être nuancé. Une des conditions *sine qua non* de cette efficacité repose en effet sur ce que l'on nomme la demande. Il est indispensable que l'adolescent lui-même la formule, ou en tout cas soit suffisamment motivé, pour entamer un quelconque travail avec le psychologue. Sinon, et en se gardant de toute généralisation, il y a fort à parier que rien de réellement positif ne pourra advenir. C'est pourquoi, lorsque la demande d'assistance et de prise en charge émane des parents, la première tâche du psychologue est d'évoquer cette question ; en quelque sorte, d'examiner qui a besoin de quoi. En déplaçant le faisceau lumineux sur les parents et leur relation à l'adolescent et non sur l'adolescent lui-même, qu'il présente ou non des symptômes, se produisent souvent les soulagements attendus par chaque partie. Sans culpabiliser les parents, qui le sont souvent bien assez, force est de constater qu'ils sont nombreux à traverser une crise personnelle entre quarante et cinquante ans, durant l'adolescence de leurs enfants. Ceci est de nature à tendre les relations familiales. Il importe donc de ne pas se tromper d'indication. Même si c'est le jeune qui doit être aidé, le psychologue garde à l'esprit qu'en cette période, à la maison, tout le monde est fragile. L'adolescence est un temps de passage dans la famille, où il est question de mutation, de douleur, de perte. Autant de questions qu'il accompagnera comme une étape normale et structurante de l'individu. Il veillera aussi à ne pas faire alliance avec l'adolescent sur le dos d'un parent, ou avec un parent sur le dos de l'enfant. À cet égard, il n'est peut-être pas inutile de rappeler que les psychologues, que leur exercice soit public ou privé, répondent d'une déontologie. Celle-ci contient un principe majeur : n'avoir, dans le cadre thérapeutique, aucune attitude relevant d'un projet de société ou d'un projet sur l'individu.

LE PSYCHOLOGUE

Il a une formation universitaire (bac + 5 ou 6). S'il opte pour une activité de clinicien, il a une formation spécialisée, généralement accompagnée d'une « analyse didactique », autrement dit une analyse personnelle, qui lui permet de prendre en charge des patients en psychothérapie ou en psychanalyse. Il est alors « psychothérapeute » ou « psychanalyste ».

LE PSYCHIATRE

C'est un médecin spécialiste (bac + 8). Selon les cas, il est ou non psychanalyste, et prend en charge des psychothérapies.

On ne peut nier qu'un sujet puisse mal se sortir de l'adolescence. C'est un moment de rupture, et certains dangers abordés parfois de façon initiatique, « en jouant avec le feu », peuvent l'être dans le réel. Le psychologue, alors en position active, dissuadera, autant que faire se peut, un, ou une, adolescent(e) de prendre des décisions intempestives autour d'un malentendu qu'il est sûrement possible d'éclaircir.

Le psychologue peut voir un adolescent ou ses parents pour quelques entretiens, mais il est aussi à même de mener des psychothérapies dont la durée varie d'un individu à l'autre. C'est alors avec le patient qu'il fixe le rythme des entretiens, et généralement il informe les parents sur l'évolution de la cure. Le psychologue ne délivre pas d'ordonnance pour obtenir des médicaments. S'il advenait qu'un traitement soit opportun, ce qui est très rare, il adressera son patient au médecin psychiatre. Pour la délivrance du traitement seulement. Il poursuivra ensuite son travail avec l'adolescent.

Le psychiatre pour adolescents

Nous l'évoquions précédemment, il est devenu assez banal de consulter un psychologue ou un psychothérapeute. En revanche, consulter un psychiatre de son plein gré est souvent plus délicat. Pour le grand public, ce recours est encore réservé aux cas graves et qui le resteront, l'idée de la pérennité des troubles mentaux étant très répandue.

Les idées reçues en la matière doivent être combattues et notamment lorsque l'on « s'inquiète » à propos d'un adolescent, que l'on soit son parent, son enseignant, ou un membre de son entourage. La « folie », ou l'image que l'on peut s'en faire à partir de comportements, parfois alarmants il est vrai, est un phénomène rare à l'adolescence, puisque les troubles mentaux avérés concernent moins de 4 % de cette classe d'âge. Par ailleurs, lorsque ces troubles existent, ils ne signent pas de façon définitive l'avenir psychique du sujet. Ce sont les signaux d'un trop-plein de souffrance. Même s'il existe une souffrance motrice pour l'individu, une minute de cette douleur-là vaut que l'on franchisse la porte du cabinet du psychiatre.

LE PSYCHANALYSTE

Il est ou non médecin. Il faut savoir que c'est un titre qui n'est pas reconnu officiellement et qui donc n'offre en lui-même aucune garantie. Un psychanalyste doit avoir lui-même été psychanalysé et avoir été contrôlé dans son travail par des plus anciens pendant plusieurs années. Une garantie minimale est l'appartenance à une société de psychanalyse qui offre suffisamment d'assurance et de sérieux.

Il est rare qu'un adolescent en difficulté consulte ce spécialiste de son propre chef, même s'il existe des centres de soins publics où les consultations sont anonymes et gratuites. C'est pourquoi c'est la personne ou le parent qui s'inquiète, et qui s'inquiète le plus, qui devrait aller en parler d'abord avec le psychiatre. Ce qui inquiète, c'est ce qui est en rupture avec les habitudes, ce qui est le plus dérangeant. Mais l'adolescence n'est pas une maladie, même si en effet elle peut être difficile. Le psychiatre est un interlocuteur qui permet d'y voir plus clair dans les apparences ou les idées reçues, de désamorcer sa propre angoisse, et qui apprécie ensuite s'il y a lieu d'intervenir, auprès de qui et avec quels outils.

Le psychiatre travaille avec un ensemble de signes qui émanent des différents membres de la famille. Pour que l'adolescent aille mieux et trouve sa place, il s'agit souvent de remettre en perspective l'histoire de la famille, de relier les événements ponctuels avec le passé individuel ou commun. C'est ce travail sur le sens qui permet de remobiliser les relations mutuelles et de dégager l'adolescent de ses difficultés existentielles. Dans cette perspective sémiologique (sémiologie = étude du sens), le psychiatre peut être amené à redonner aux parents le « sens » de leurs responsabilités. Ceci est très différent de la culpabilisation que l'on redoute toujours, et contient une vraie valeur thérapeutique.

Ce qui est de nature, aux yeux du psychiatre, à justifier la prise en charge de l'adolescent, ce sont les conduites qui se figent ou se répètent de manière insistante, donnant l'impression que tout remaniement possible est bloqué. Même si chaque praticien a sa manière de travailler, ses références théoriques, et

• • • • *Je me souviens*

Petite, je raffolais des visites que nous rendions le dimanche à notre famille. Parmi nous, toujours un peu silencieuse, toujours vêtue de noir, se tenait la grand-mère de mon père. Juste avant de partir, le soir, elle m'appelait pour me donner des tricots et des gâteaux qu'elle faisait pour moi. Elle m'aimait, je l'aimais, c'était simple. Mais j'ai grandi. Un jour, au lycée, durant une récréation, je la vois s'avancer au milieu de me camarades. Je suis saisie par son allure hésitante, par ce cabas énorme et démodé qui semble tant la fatiguer. Comme elle s'approche, je reste immobile. Elle s'adresse à quelqu'un pour me demander. Pour la première fois, j'entends qu'elle parle mal français, pour la première fois, je vois que le sac de biscuits qu'elle m'apporte est chiffonné et taché de gras. J'avais treize ans, et j'ai eu honte, comme si la terre entière nous regardait et nous jugeait.

Paula, 40 ans

se laisse guider par les circonstances particulières à chaque patient, la base du travail qu'il effectue est l'accompagnement et la mise en mots du vécu douloureux de celui-ci. Offrir une palette verbale est parfois un travail de longue haleine, car ce vécu si intense cause en général une grande pauvreté langagière ; mais c'est ainsi que se remettront en route les émotions, les pleurs et les rires. Si ce qui trouble le sujet est une crise de son environnement, on l'aidera à formuler les tensions en respectant et en positivant les valeurs fondamentales qui les sous-tendent. Mais, quoi qu'il en soit, on ne peut pas autonomiser un adolescent sans l'aider à nommer les problèmes, ouvrir des portes et faire sauter des verrous.

Là encore, la fréquence, la durée des rendez-vous et leur contenu sont l'affaire du médecin et de son patient.

Il nous faut ici rappeler que, dans la classe d'âge des adolescents, le taux de morbidité par le suicide est scandaleusement élevé dans un pays comme le nôtre. C'est notre responsabilité à tous, parents, soignants et aussi enseignants, de faire bénéficier ces jeunes d'une attention qui peut leur éviter cette terrible issue.

À QUI LES JEUNES SE CONFIENT-ILS LORSQU'ILS ONT UN PROBLÈME DE SANTÉ ?

Les personnes à qui les jeunes se confient le plus volontiers sont, par ordre d'importance :

1/ les parents, qui sont les premiers confidents des adolescents, en particulier pour les problèmes de scolarité, de santé, de sexualité, de drogue. Avec l'âge la place des parents reste prépondérante, même si les plus âgés se confient moins à eux que les plus jeunes, en particulier pour les problèmes de sexualité et de drogue.

2/ les amis, qui sont d'excellents confidents pour des problèmes sentimentaux. En revanche, les jeunes confient rarement à leurs amis des problèmes graves, concernant la sexualité ou la drogue.

Les professionnels (de santé ou éducatifs) sont moins souvent les confidents préférentiels des adolescents. Mais leur importance s'accroît avec l'âge. Les élèves de lycées professionnels se confient plus volontiers aux adultes professionnels que les autres lycéens.

Notons que près d'un jeune sur trois ne se confie à personne, surtout pour des problèmes graves, tels que la drogue ou la sexualité.

Voit tableau ci-contre.

À qui les jeunes se confient-ils ?
Par âge et sexe (en %) – 1993

Les élèves	**de 4e** %	**de seconde** %	**de 1re BEP** %
Se confient aux parents pour un problème :			
scolaire	73	70	65
de santé	65	67	68
sentimental	15	11	10
de sexualité	25	17	18
de drogue	33	27	26

Les élèves	**de 4e** %	**de seconde** %	**de 1re BEP** %
Se confient à un autre jeune pour un problème :			
scolaire	17	20	26
de santé	10	9	10
sentimental	65	68	67
de sexualité	38	52	52
de drogue	22	29	32

Les élèves	**de 4e** %	**de seconde** %	**de 1re BEP** %
Se confient à un professionnel* pour un problème :			
scolaire	1	4	2
de santé	13	15	13
sentimental	0,4	0,4	0,3
de sexualité	2	2	2
de drogue	3	2	2

Les élèves	**de 4e** %	**de seconde** %	**de 1re BEP** %
Ne se confient pas pour un problème :			
scolaire	7	5	5
de santé	12	7	6
sentimental	18	19	15
de sexualité	33	26	22
de drogue	40	38	34

* enseignant, animateur, infirmière, assistante sociale, médecin

Source : Enquête nationale auprès d'un échantillon représentatif de 12000 jeunes, Inserm, U 169 (Choquet, Ledoux).

Qui consultent-ils ?

En ville

Le médecin généraliste

Une majorité de jeunes (75 %) a consulté le médecin généraliste dans l'année. Cette proportion augmente sensiblement avec l'âge et passe de 62 % parmi les 11-13 ans à 85 % parmi les 18 ans et plus.

Près de 2/3 des garçons et 3/4 des filles ont consulté le médecin généraliste durant l'année ; près d'1/5 des garçons et de 1/4 des filles sont des consultants réguliers. Les filles vont donc plus et plus régulièrement chez le médecin.

Le gynécologue
Entre 11 et 18 ans la proportion de consultantes passe de 4 % à 46 %. Le nombre moyen de consultations gynécologiques passe de 0 à onze-treize ans, à 0,5 à dix-huit ans et plus.

Les autres médecins spécialistes
Les spécialistes sont consultés par près de deux jeunes sur cinq et cette proportion passe, entre 11 et 18 ans, de 32 % à 36 % pour les garçons et de 40 % à 51 % pour les filles. Cette consultation vient dans 80 % des cas en complément de celle du généraliste. Une analyse par spécialité montre que le dermatologue ou l'ophtalmologiste viennent en tête. Quant au pédiatre, si 6 % (garçons comme filles) l'ont consulté, cette proportion passe de 11 % à 1 % entre 11 et 18 ans.
Les spécialistes, quelle que soit leur spécialité, suivent peu les adolescents : environ 11 % des jeunes y retournent plus de trois fois dans l'année.

Le dentiste
Parmi les professionnels paramédicaux, le dentiste occupe une place de choix, car plus de 2/3 des jeunes le consultent au moins une fois par an, plus de 1/5 au moins quatre fois par an. Le nombre moyen des visites est de deux par an.
Les garçons consultent moins que les filles et la moyenne annuelle des visites est respectivement de 1,9 et de 2,4.

Le kinésithérapeute
Près d'un jeune sur sept a consulté le kinésithérapeute, une fois sur deux cela consiste en une prise en charge régulière.

À l'école

Le médecin scolaire
Près d'un jeune sur cinq a consulté le médecin scolaire durant l'année. Les collégiens et les lycéens des lycées professionnels consultent plus (21 %) que les lycéens des lycées classiques, modernes ou techniques (11 %).

Le médecin scolaire ne revoit qu'exceptionnellement les adolescents. Autour d'1 % l'ont consulté au moins quatre fois dans l'année.

L'infirmière scolaire

L'infirmière scolaire occupe une place importante dans le système de soins, car près de la moitié des adolescents l'a consultée, avec une faible différence entre les sexes. Environ un élève sur dix l'a consultée au moins quatre fois dans l'année.

La consultation psychologique

Près de 4 % de jeunes, garçons comme filles, ont vu un spécialiste « psy » durant l'année ; 1,5 % des jeunes ont vu ce spécialiste au moins quatre fois dans l'année.

Source : Enquête nationale auprès de 12000 jeunes, Inserm, U 169 (Choquet, Ledoux), 1993.

REMERCIEMENTS

Au cours de ce travail, nous avons pu nous rendre compte à quel point les partenaires de l'adolescent font preuve d'attention à sa cause, de compétence et de modestie.

Nous remercions vivement :
- Dr Bauman, médecin généraliste ;
- Mme Carrau, psychologue-psychothérapeute ;
- Mme Caumil, assistante sociale ;
- Dr Cau, pédiatre hospitalier ;
- Dr Cygler, pédiatre ;
- Dr Dayan-Lintzer, gynécologue ;
- Mme Fredenucci, psychologue-psychothérapeute ;
- Mme Grill, enseignante ;
- Mme Guillo, psychologue-psychothérapeute ;
- Mr Habel, conseiller d'éducation ;
- Dr Huerre, psychiatre ;
- Dr Jayle, dermatologue ;
- Dr Mosca, ex-médecin scolaire ;
- Mme Quain, infirmière scolaire ;
- Mme Saigne, enseignante ;
- L'association Sport Jeunes Insertion ;
- Mme Vidal, déléguée de parents d'élèves

Table ronde : et la santé, ça va ?

« Du projet de l'adulte à l'attente des adolescents. »

Cet ouvrage, entièrement consacré à une réflexion en faveur d'un bien-être ou d'un mieux-être de l'adolescent, a abordé les multiples aspects qui caractérisent la période de l'adolescence à travers trois axes principaux : les mutations et les transformations, le développement psychologique, les relations avec la famille et l'entourage.
Les auteurs ont pensé qu'il était intéressant d'achever ce parcours par un retour explicite – sous la forme d'une table ronde – à cette question essentielle qu'est le rapport qu'entretiennent les adolescents avec leur corps et leur santé.
Cette réflexion amène également à une interrogation sur la qualité, le bien-fondé ou l'absence de réponses ou de propositions que lui-même et son entourage peuvent rencontrer face à d'éventuelles difficultés.
Chacun des participants a été amené à s'exprimer à partir de quatre questions.

Êtes-vous d'accord avec l'idée selon laquelle les adolescents ne se préoccupent généralement pas de leur santé et qu'il est très difficile de les sensibiliser à cette question ?

Philippe Jeammet. – Les adolescents n'ont pas une activité de protection spontanée de leur santé. Ils s'en plaignent mais ne s'en « préoccupent » pas, au sens où les adultes l'entendent en général. La santé est un domaine délégué aux parents et, de ce fait, est souvent ressentie comme une préoccupation limitative de leur part. Ainsi, les parents les empêcheraient de faire ce qui pourrait nuire à leur santé, en les coupant d'éventuelles sources de plaisir. En conséquence, les jeunes ne renoncent pas à prendre des risques, mais ils se plaignent.

Didier Jayle. – Oui, les adolescents se plaignent beaucoup même s'ils sont rarement malades. Et leurs plaintes ne les amènent pas nécessairement à consulter un médecin, bien qu'ils se préoccupent de leur santé.

Lucien Houllemare. – Souvent les jeunes présentent un grand nombre de « patraqueries », mais il n'est pas facile de les mobiliser sur leur santé. Il est possible en revanche de les « accrocher » à partir de préoccupations plus proches d'eux-mêmes : le look, l'allure...

Marie Choquet. – Ils viennent vite chez le médecin, souvent par l'intermédiaire de leurs parents, lorsqu'ils présentent un trouble même bénin. Les jeunes n'aiment pas avoir mal !
Mais ils ne se sentent pas concernés par une préoccupation à plus long terme, par une vision globale de leur santé. L'avons-nous d'ailleurs pour nous-mêmes ?

Alain Braconnier. – Le terme de « santé » n'a pas la même signification pour l'adolescent et pour l'adulte. Avoir le souci de sa santé est une affaire d'adulte si ce n'est de personne âgée. Dans notre culture, on associe facilement la notion de santé à celle de risque, et, nous le savons, les adolescents ont un rapport particulier au risque. Mais ils font preuve d'un triple intérêt : pour la santé en général, pour leurs problèmes en particulier – mais ils n'appellent pas cela la « santé » – et pour la maladie, la leur et celle des autres.

Yves Jacquet. – J'observe chez les jeunes une discordance entre la recherche d'un certain bien-être et une difficulté à apprécier leurs besoins de santé. Peut-être ressentent-ils une inquiétude face au médecin, en particulier lors de l'examen clinique. Mais trouvent-ils aussi en face d'eux l'interlocuteur adéquat ? Les réponses qu'ils attendent, en effet, ne sont pas toujours médicales.

L. Houllemare. – Si les jeunes ont la « trouille » des médecins, l'inverse est parfois vrai !

Patrice Huerre. – Il existe chez l'adolescent des malentendus à propos de sa santé. Il se plaint et utilise son corps comme support de sa souffrance. Le malentendu se trouve dans l'interprétation des plaintes corporelles, comme s'il s'agissait du signe d'une éventuelle maladie. Il s'agit souvent d'autre chose.

P. Jeammet. – La préoccupation de la santé est marquée par l'ambiguïté liée à ce moment de la vie. Préserver l'avenir, c'est accepter la corrélation entre risques et règles parentales et sociales. Or ce sont deux modes distincts. Les jeunes manifestent à la fois une inquiétude pour l'avenir et une capacité à méconnaître les réponses en retour. Prendre des mesures concrètes de protection du capital santé serait se rendre à la problématique du monde des adultes.

M. Choquet. – Il n'en reste pas moins – et les enquêtes le prouvent – que les jeunes, dans une proportion non négligeable – et surtout les filles –, consultent beaucoup. Ils se soucient des règles de vie et d'alimentation, de leur équilibre sportif. Ils manifestent le désir de vivre bien, et la grande majorité s'estime en bonne santé. Cependant, dans le même temps, il ne faut pas oublier qu'un jeune sur cinq parmi ceux qui souffrent de pathologie grave n'est pas pris en charge.

Y. Jacquet. – Les jeunes consultent pour des problèmes ponctuels : angine, pilule, boutons... Mais ils ont des difficultés à envisager le suivi de leur santé. Bien souvent ils agissent au coup par coup. Leur rapport au temps est en cause. Par exemple, s'il est atteint de maladie chronique, l'adolescent n'envisagera pas nécessairement les effets à long terme. Il craindra plutôt la douleur immédiate liée à tel ou tel examen, prise de sang, etc.

P. Huerre. – La question du temps est en effet déterminante. Les liens avec le passé et les projections dans le futur se trouvent chez les jeunes très souvent défaillants. Seul compte l'instant présent. Et la dimension de la santé s'inscrit dans cette réalité. Ceci explique en partie l'intensité de l'inquiétude à propos d'un « bobo », alors qu'une plainte plus sourde et plus installée sera relativisée.

D. Jayle. – Il conviendrait de relier la notion de risque et la notion de temps. Je crois que les jeunes ont conscience des risques, tout au moins ceux qui sont liés au tabac, à l'alcool, à la mauvaise hygiène dentaire... Et ceux-ci apparaissent d'autant plus rapidement menaçants que le temps est resserré. À l'inverse, il peut se dilater. Voici une anecdote : à la fin d'une séance d'information sur le sida, dans un LEP, une adolescente me questionne sur la durée de la maladie, à partir du moment où elle est déclarée. Devant ma réponse : « Cela peut être assez rapide, un ou deux ans », elle s'exclame : « Deux ans ! Mais c'est extrêmement long ! »
Outre les notions de risque et de temps, il ne faudrait pas méconnaître l'influence du milieu, des copains, de la famille. Certains comportements vont en découler, qui n'entraînent pas nécessairement la prise de conscience des risques.

A. Braconnier. – Dans les milieux défavorisés, la préoccupation des jeunes pour cette question est paradoxale. Ils s'intéressent à la santé en général et délaissent complètement la leur. Ils sont souvent sur ce plan dans des situations catastrophiques. En conclusion, on peut avancer que les jeunes établissent une hiérarchie où leur santé n'est pas placée en tête ; tout au moins la « santé » comme nous, adultes, nous l'entendons. Mais ils s'intéressent à la vie !

——— *Pensez-vous que l'éducation parentale puisse avoir une incidence sur la mobilisation des jeunes par rapport à leur santé ?*

P. Huerre. – Il me semble que l'influence des parents est liée à la position qu'ils adoptent par rapport à leur propre corps : de quelle manière ont-ils investi celui-ci depuis leur adolescence ? Comment le « traitent-ils » aujourd'hui ? Il existe une correspondance entre leur attitude et celle de leur enfant.

L. Houllemare. – C'est toute la différence entre ce qu'on dit et ce qu'on fait ! L'acte compte plus que la parole. Les adolescents sont témoins du mode de vie de leurs parents, de leurs préoccupations, de leurs valeurs, de la manière dont ils gèrent leur sommeil, leur alimentation. C'est beaucoup plus important que de dire : « Il ne faut pas que tu fumes ! »

Y. Jacquet. – Au cours de réunions de parents auxquelles je participe dans les écoles, je constate combien ceux-ci sont « avides » d'une information qui leur fait défaut à propos de l'adolescence en général, du développement physique ou psychique, mais aussi des réalités actuelles de la vie : accidents, sida, échec scolaire... Ils sont ignorants des structures existantes, ne savent pas où se renseigner. De plus, ils se questionnent sur eux-mêmes, sur cette « crise de la quarantaine ». Aussi ont-ils beaucoup de mal à communiquer avec leur enfant. Avant d'évoquer le rôle de l'« éducation », sans doute devrait-on travailler sur l'information des parents.

A. Braconnier. – Les études le prouvent, les adolescents s'adressent aux parents de façon privilégiée sur les problèmes de santé. Alors, à la question : « L'éducation parentale a-t-elle une incidence ? » je répondrai « Oui ! Mais de quelle façon ? » La distinction entre ce qui est fait et ce qui est dit est très importante. Si le père ou la mère prend tous les soirs un hypnotique, je ne suis pas sûr que ce soit un bon exemple. Ses conseils : « Lis un peu », « Fais du sport », « Détends-toi », seront-ils recevables pour l'adolescent qui a du mal à s'endormir ?

M. Choquet. – L'éducation ne se fait pas en une fois ! Il existe une progression, entre onze et dix-huit ans, parfois vingt ans ! Petit à petit, les jeunes apprennent à se prendre en charge, ils ne deviennent pas autonomes du jour au lendemain.

Y. Jacquet. – Le terme « accompagnement » ne serait-il pas mieux adapté que celui d'éducation ?

P. Jeammet. – Il me semble que nous sommes arrivés à un certain consensus sur l'importance de l'image donnée par les parents aux jeunes, et aussi sur leur souci concernant la santé de l'adolescent. Mais comment vont-ils exprimer cette préoccupation ? D'une manière qui reflète leur anxiété ou au contraire qui apporte une ouverture et une libération ?

L. Houllemare. – De temps à autre, les parents laissent monter des bouffées d'anxiété excessive et s'affolent. À d'autres moments, ils se montrent rassurants, voire inconscients en se taisant. Ceci est certainement lié à ce qu'ils se reconnaissent comme compétences, à leur désir d'intervenir ou non.

Y. Jacquet. – Nous en revenons à la question de l'information des parents, qui se pose de manière encore plus aiguë pour ceux qui n'osent même pas la demander, ni aller la chercher.

P. Huerre. – Attention à la demande apparente ! Je ne crois pas que les parents demandent à savoir comment faire dans telle ou telle situation, et en particulier face aux problèmes de santé. Certaines réponses qui « collent » à la demande des parents sont à mon avis très dangereuses, parce qu'elles les confortent dans l'idée qu'ils sont incompétents, alors que des spécialistes, eux, seraient supposés en savoir beaucoup plus. Dans la relation à l'adolescent, ceci représente un risque.

——— *Il existe des innovations dans le domaine de l'éducation sanitaire menée par différents partenaires institutionnels (missions locales, Centre français d'éducation pour la santé, foyers de jeunes travailleurs, etc.). De quelles actions avez-vous entendu parler et qu'en pensez-vous ?*

Y. Jacquet. – Je suis impressionné par ce foisonnement d'initiatives : la formation de jeunes relais dans un lycée à Pontarlier, une boutique santé à Nancy, des activités théâtrales organisées dans des milieux très défavorisés, des services d'accueil originaux comme SOS Suicide à Clermont-Ferrand... On pourrait en citer beaucoup d'autres, comme la création d'une régie de quartier et l'ouverture d'un bar supervisé et géré par des éducateurs dans une zone à risques de Cholet. Cela mériterait d'être analysé plus à fond.

M. Choquet. – Énormément d'expériences qui se cumulent, s'entrecroisent, se contredisent..

P. Jeammet. – Mais n'est-ce pas cela qui est intéressant ? Autour du thème de la santé se crée une dynamique qui est facteur de mobilisation des différents acteurs. Au-delà des dispositifs réglementaires, on laisse une place à la créativité.

A. Braconnier. – À côté de ces actions, il existe aussi des émissions tout public, des téléfilms américains où, à travers des histoires simples, de vrais problèmes sont traités : le sida, le handicap… Mais encore faut-il s'y intéresser. Notre société est coupée en deux. D'un côté une information générale où certains « piochent » et se constituent un savoir, et de l'autre des actions spécifiques pour des jeunes qui ne s'informent pas spontanément. Il existe une jeunesse qui s'intéresse « à », et une autre qui nécessite qu'on aille « vers ». Pour cette dernière, toutes ces actions nouvelles sont favorables.

D. Jayle. – S'il existe des différences entre les jeunes – le niveau d'information des élèves des lycées techniques de banlieue n'est pas identique à celui des lycées classiques parisiens –, les comportements ne sont pas nécessairement éloignés. Et il n'est pas dit que les prises de risque soient plus importantes d'un côté que de l'autre.
Les pratiques variées de prévention que nous avons évoquées peuvent entrer en synergie. Les émissions télévisées ont un rôle de sensibilisation, tout comme des actions grand public, mais je ne suis pas sûr qu'elles puissent changer les comportements si elles ne sont pas relayées par des actions de terrain. Les deux aspects sont complémentaires.

P. Huerre. – Ces initiatives locales traduisent à l'évidence les bonnes intentions des adultes. Mais, d'une part, il me semble qu'il existe un décalage considérable entre les projets des adultes, leur réalisation et l'attente des adolescents. Certes, l'aspect pédagogique est présent, mais, comme nous l'avons souligné précédemment, les savoirs se transmettent aussi autrement que par des discours ou des informations. Dans ce cas, que faisons-nous de ce qui se transmet à travers les expériences de vie partagées ? J'ai également présent à l'esprit certains films où il est question de santé à travers des mises en scène familiales, et ceci a une valeur essentielle.

D'autre part, l'adolescent ne choisit pas forcément l'interlocuteur désigné : il préférera parfois la femme de service au médecin scolaire. D'un point de vue général, je constaterai un parallélisme entre la multitude des mesures prises, locales ou nationales, et le désarroi des adultes. Pourquoi s'occupe-t-on autant d'actions spécifiques et spécialisées ? Ne s'agit-il pas d'une défaillance de la transmission dans ses modalités ordinaires ?

——— *Quelles propositions pourriez-vous avancer pour une meilleure prise en compte de la santé des adolescents par les institutions concernées ?*

D. Jayle. – En premier lieu, les actions de terrain réussies nécessitent des personnes motivées, qui aiment leur public d'adolescents, qui n'ont pas peur de retrousser leurs manches et qui sont en même temps soutenues. Car la deuxième condition est relative aux financements. Pour impliquer des jeunes dans des dynamiques actives, il faut investir, en temps, en travail et en argent. Il est malhonnête de vouloir responsabiliser les jeunes dans l'organisation d'actions et de les bloquer ensuite par des circuits administratifs lourds et inadaptés.

A. Braconnier. – On peut généralement regretter que ces actions soient trop ponctuelles, non reliées entre elles et ne s'intègrent pas à un réseau existant. Et je constate que le grand absent des préoccupations des organismes d'éducation sanitaire, c'est le médecin. Ceci ne veut pas dire que le médecin se situe en première ligne, il existe d'autres partenaires. Mais je proposerais volontiers que l'information vienne toujours, pour une part, du médecin.

P. Jeammet. – Les relais traditionnels, les parents, la famille, l'école, demeurent les cadres essentiels de l'éducation de la santé. Il ne faut pas sous-estimer leur importance, même si ce cadre n'est pas parfait et peut provoquer des contre-attitudes de la part des adolescents. Ceux-ci sont sensibles à l'intérêt qu'on leur porte, et la qualité de cet intérêt influence, en miroir, celle du regard qu'ils posent sur eux-mêmes. Nous devons soutenir ces relais traditionnels, qui parfois ne sont plus assez conscients de l'importance qu'ils représentent aux yeux des jeunes, notamment le corps professoral.

P. Huerre. – Je partage l'idée que le risque serait grand d'invalider les relais naturels du point de vue de la transmission des savoirs, savoir-être ou savoir-faire, pour mettre en place des spécialistes censés apporter des réponses. Aux yeux de l'adolescent, il y a là un danger de voir ses interlocuteurs privilégiés mis à l'écart, sans qu'il utilise pour autant les autres.

M. Choquet. – La coordination de toutes ces actions s'impose. Elles sont, me semble-t-il, trop nombreuses et trop étroitement ciblées. Que veut-on pour ces jeunes ? Qui intervient ? De quelle manière ? Comment former les adultes à la relation à l'adolescent ? C'est d'une réflexion d'ensemble dont nous avons besoin, car nous risquons à terme de saturer le public visé. Des conflits énormes se manifestent entre professionnels et institutions, peut-être conviendrait-il de commencer par là. Et pourquoi ne pas travailler aussi sur les résistances des adultes vis-à-vis des jeunes ?

L. Houllemare. – Il faut en effet ne pas en avoir peur pour travailler avec des adolescents ! Lorsqu'on arrive à les captiver, ils écoutent. Comme les autres. On peut voir comment Daniel Pennac dans *Comme un roman* passionne les adolescents pour la lecture.

Y. Jacquet. – Des gens de bonne volonté se sont attaqués à ce problème, un peu partout et de manière foisonnante. Chacun a une place à tenir, relais traditionnels y compris. Il faut penser en termes d'information certes, mais aussi de globalité et surtout de complémentarité.

D. Jayle. – La question de la prévention est : comment transmettre les informations ? Car, si on « gave » les jeunes d'une information à connotation morale – il faut faire ceci ou cela –, il ne sera pas possible d'obtenir des modifications dans les comportements. Si le médecin est en charge de cette fonction, il doit laisser sa blouse blanche au vestiaire, et permettre aux jeunes de s'exprimer ; tout en gardant son identité, il devient alors un « facilitateur », un animateur de prévention, même s'il demeure le garant de ce qui se dit.

Mais, au-delà, nous avons besoin d'une capitalisation de l'expérience, pour laquelle nous sommes en France très en retard : expertise, conseil, évaluation sont indispensables à une véritable politique de santé publique.

Quelques adresses utiles

En France, le réseau sanitaire et social est organisé selon différents critères : public ou privé, sectorisé ou non sectorisé, relevant de l'État, du département ou de la commune. Les professionnels médicaux ou sociaux exercent dans divers établissements, consultant seuls ou dans des structures pluridisciplinaires. Des lieux d'information existent, qui apportent à chacun des pistes, des conseils, des adresses.

Approche générale

—— **École des parents et des éducateurs Île-de-France**
5, impasse du Bon-Secours – 75011 Paris
Tél. : 01 44 93 44 88
Accueil, consultations, centre de documentation

—— **Centre d'information et de documentation jeunesse (CIDJ)**
101, quai Branly – 75740 Paris Cedex 15
Tél. : 01 44 49 12 00
Consultation de fiches documentaires dans les domaines scolaires, des loisirs, de la santé… (antennes en province)

Approche sociale, scolaire et professionnelle

Délégation interministérielle à l'insertion des jeunes
194, avenue du Président-Wilson – 93217 La Plaine-Saint-Denis Cedex
Tél. : 01 49 17 46 46
Liste des réseaux des missions locales et des PAIO (permanences d'accueil, d'information et d'orientation), accueil, insertion des jeunes (logement, qualification, santé)

ONISEP
168, boulevard du Montparnasse – 75014 Paris
Tél. : 01 43 35 15 98
Librairie, vente de brochures concernant l'orientation scolaire et professionnelle, liste de centres d'information et d'orientation

Sauvegarde de l'adolescence
Centre d'initiatives pour l'emploi des jeunes
4, rue Martel – 75010 Paris
Tél. : 01 48 24 13 00
Accueil des 16-25 ans non scolarisés, entretien, soutien, information

Fondation Santé des étudiants de France
Soins et études pour lycéens et étudiants présentant des maladies somatiques ou psychiatriques
8, rue Émile-Deutsch de la Meurthe – BP 147 – 75664 Paris Cedex 14
Tél. : 01 45 89 43 39
Accueil des 16-25 ans scolarisés, entretien, soutien, information. La Fondation gère treize établissements en France.

Approche santé

Institut national de prévention et d'éducation pour la santé (INPES)
42, boulevard de la Libération – 93203 Saint-Denis Cedex
Tél. : 01 49 33 22 22
Ouvert au public, accès à la bibliothèque sur rendez-vous, accueil, documentation.

Centre régional d'information et de prévention du sida (CRIPS)
192, rue Lecourbe – 75015 Paris
Tél. : 01 53 68 88 88
Centre de documentation multimédia, destiné plus particulièrement aux relais d'information

Accueil téléphonique

Inter-Service-Parents
Tél. : 01 44 93 44 93
Service de l'École des parents et des éducateurs d'Île-de-France : guidance par téléphone (des réponses de professionnels dans les domaines : psychologie, éducation, scolarité, soins, loisirs, droit de la famille)

Fil Santé Jeunes
Tél. : 0 800 235 236 (numéro vert)
Tous les jours de 8 heures à minuit (écoute, information, orientation dans les domaines de la santé)

Drogues Alcool Tabac Info Service
Tél. : 113 (numéro vert)
24 heures sur 24 (informations, conseils, adresses de lieux d'accueil)

Sida Info Service
Tél. : 0 800 840 800 (numéro vert)
24 heures sur 24 (prévention du sida, accompagnement des malades, réflexion sur la prise en charge sociale de la maladie)

Allo Enfance maltraitée
Tél. : 119 (numéro vert)
24 heures sur 24 (écoute, assistance, informations, recueil des signalements)

Jeunes Violences Écoute
Tél. : 0 800 20 22 23 (numéro vert)
Tous les jours, de 8 heures à 23 heures (écoute, information, orientation)

UNAFAM Écoute-Famille
Tél. : 01 42 63 03 03
Écoute des familles confrontées aux troubles psychiques d'un proche
Du lundi au vendredi, de 9 heures à 13 heures et de 14 heures à 18 heures

Phare Enfants-Parents
Tél. : 01 42 66 55 55
Du lundi au vendredi, de 10 heures à 18 heures

Bibliographie

Des mêmes auteurs

BRACONNIER A., en collaboration avec D. Marcelli, *Adolescence et psychopathologie,* 4e édition, Masson, 1996.

BRACONNIER A., en collaboration avec P. Mazet, *Le Sommeil de l'enfant et ses troubles*, PUF, 1986.

BRACONNIER A., ouvrage collectif sous la direction de P Fedida, *Communication et représentation,* PUF, 1986.

BRACONNIER A., en collaboration avec D. Marcelli, *L'Adolescence aux mille visages,* Éditions universitaires, 1988, Le Livre de Poche, 1990.

BRACONNIER A., *Les Adieux à l'enfance,* Calmann-Lévy, 1989, Le Livre de Poche.

BRACONNIER A., *Les Bleus de l'âme,* Calmann-Lévy, 1995.

BRACONNIER A., *Guide de l'adolescent,* Odile Jacob, 2e édition, 2001.

CHOQUET M., LEDOUX S., *Adolescents,* enquête nationale, Inserm, 1994.

CHOQUET M. et LEDOUX S., *Attentes et comportements des adolescents,* Éditions Espace 34, 1998.

CHOQUET M., BAUDRY P., BLAYA C., DEBARBIEUX É. & POMMEREAU X., *Souffrances et violences à l'adolescence,* ESF, 2000.

CHOQUET M., LEDOUX S. et HASSLER Ch., *Alcool, tabac, cannabis et autres drogues illicites parmi les élèves de collège et de lycée,* ESPAD 99 France, OFDT (Observatoire français des drogues et des toxicomanies). Inserm, 2002

CHOQUET M., BRACONNIER A, CHILAND C., *Les Parents aujourd'hui,* Masson, 2003.

CHOQUET M., BRACONNIER A, CHILAND C., *Idées de vie, idées de mort,* Masson, 2004.

CHOQUET M. & GRANBOULAN V., *Les Jeunes suicidants à l'hôpital*, Éditions EDK, 2004.

HOULLEMARE L., *Tentatives de suicide des adolescents*, avec le Centre international de l'enfance, colloque du 12-14 décembre 1988, CIE.

HOULLEMARE L., *Sexualité des adolescents. Stratégies d'éducation pour la santé*, synthèse de la rencontre du 8-11 juin 19912, CIE.

HUERRE P., *L'Adolescence en héritage*, Calmann-Lévy, 1996.

HUERRE P., HUOST F., *Voyage au pays des adolescents*, Calmann-Lévy, 1999.

HUERRE P., *Ni anges ni sauvages. Les jeunes et la violence*, Anne Carrière, 2002.

HUERRE P., DELPIERRE L., *Arrête de me parler sur ce ton ! Comment réagir ?*, Albin Michel, 2004.

HUERRE P., PAGAN-REYMOND M., REYMOND J.-M., *L'Adolescence n'existe pas*, Odile Jacob, 2003.

JACQUET Y., « Le pédiatre généraliste et la consultation d'adolescents », *Médecine et enfance*, n° 11, 1991.

JACQUET Y., « Adolescents : tout un langage » *École des parents*, n° 9/10, septembre 1995.

JACQUET Y., « L'adolescent en consultation : attentes et perspectives », colloque « Des soins spécifiques à l'adolescence », Cité universitaire, Paris, juin 1995.

JACQUET Y., « L'apparence, l'image du corps à l'adolescence », IIe Congrès national de l'association canadienne pour la santé des adolescents, Montréal, novembre 1995.

JACQUET Y., *Au cabinet du médecin somaticien. Du souci au soin. Adolescents/Adolescentes*, Bayard/Fondation de France, 1997.

JACQUET Y., *Adolescents – adultes : des corps en présence*, Fondation de France/École des parents, 1997.

JACQUET Y., *Le Corps a la parole : du souci partagé aux soins adaptés*, Actes du congrès Médecine et santé de l'adolescent, Angers, décembre 2003.

JAYLE D., RICHARD H., « Les jeunes et la prévention du sida », *Sida, le défi social*, Actions et recherches sociales, 1989.

JAYLE D., RICHARD H., TOURETTE-TIRGIS C., « Pour la prévention du sida auprès des jeunes. Le dispositif Sida-stop », *Les Années Sida*, Revue française des affaires sociales, 1990.

JAYLE D., « Ça n'arrive qu'aux autres ? », *Science et Vie* (hors-série), 1992.

JAYLE D., « Le sida et le rôle du médecin praticien dans l'éducation pour la santé », *La Revue du praticien*, 1992.

JEAMMET Ph., Ferro M., *Que transmettre à nos enfants ?*, Seuil, 2000.

JEAMMET Ph., *Réponses à 100 questions sur l'adolescence*, Solar, 2002.

TURSZ A., FÉLIX M., *Les Accidents domestiques de l'enfant. Un problème majeur de santé publique*, IDEF/CIE, Syros, 1991.

TURSZ A., SOUTEYRAND Y., SALMI L.R., *Adolescence et risque*, Syros, 1993.

TURSZ A., MANCIAUX M., « L'accident chez l'enfant et l'adolescent », *in* LEBOVICI S., DIATKINE R., SOULÉ M., *Traité de psychiatrie de l'enfant et de l'adolescent*, 2e édition, PUF, 1995.

TURSZ A., REY C., « La violence à l'adolescence : une sémiologie, des causes et une prévention complexes », *Rev. Épidém et Santé Public.*, 1996, 44 : 297-300, éditorial.

TURSZ A., GERBOUIN-RÉROLLE P., *Les Accidents de l'enfant en France : quelle prévention, quelle évaluation ?*, Éditions de l'Inserm, 2001.

TURSZ A., « Adolescents suicidants et maltraitance durant l'enfance dans la consultation psychiatrique », *in* Chauvin P., Parizot I., *Déterminants sociaux de la santé et du recours aux soins*, Éditions de l'Inserm, 2004.

À lire aussi

Ouvrages

ALVIN P. (dir.), *Anorexies et Boulimies à l'adolescence*, Doin, 2001.

ALVIN P. et MARGELLI D., *Médecine de l'adolescent*, Masson, 1999 (2e éd. à paraître en 2005)

ALVIN P., COURTECUISSE V., PICHOT F., *Prendre en charge et traiter un enfant, un adolescent*, Éditions Medsi, 1990.

ASAILLY J.-P., *Les Jeunes et le risque*, Vigot, 1992.

BACUS-LINDROTH A., *Murmures sur l'essentiel : conseils de vie d'une mère à ses enfants*, Éditions Anne Carrière, 1998.

BARDET M., *Le Suicide*, Milan, 2000.

BETTELHEIM B., *Les Blessures symboliques : essai d'interprétation des rites d'initiation*, Gallimard, 1977.

BIRRAUX A., *L'Adolescent face à son corps*, Éditions universitaires, 1990.

BRENOT Ph., *Les Passions de vos ados : restez connectés sur ce qui les branche !*, Milan, 1999.

CADÉAC B. et LAURU D., *Génération téléphone, les adolescents et la parole*, Albin Michel, 2002.

CAHN R., *Adolescence et folie. Les déliaisons dangereuses*, PUF, 1991.

CATHELINE N., *Psychopathologie de la scolarité*, Masson, 2003.

COURTECUISSE V., *L'Adolescence, les années métamorphose*, Stock, 1992.

CRUBELLIER M., *L'Enfance et la jeunesse dans la société française*, Armand Colin, 1979.

DOLTO F., DOLTO-TOLITCH C., *Paroles pour adolescents ou le complexe du homard*, Hatier, 1990.

DUBET F., *Les Lycéens*, Le Seuil, 1991.

DUBET F., *La Galère, jeunes en survie*, Fayard, 1987.

DUBET F. et LAPEYRONNIE D., *Les Quartiers d'exil*, Le Seuil, 1992.

ERIKSON E., *Adolescence et crise. La quête de l'identité*, Champs-Flammarion, 1978.

FIZE M., *Le Peuple adolescent*, Julliard, 1994.

FIZE M., *Les Bandes : l'« entre-soi » adolescent*, EPI/Desclée de Brouwer, 1993.

GALLAND O., *Sociologie de la jeunesse – L'entrée dans la vie active*, Armand Colin, 1991.

GUILBERT D., *Et si l'autorité, c'était la liberté ?*, La Martinière, 2001.

GUTTON P., *Le Pubertaire*, PUF, 1991.

INSTITUT DE L'ENFANCE ET DE LA FAMILLE, *Guide des politiques de la jeunesse*, Syros-Alternatives, 1990.

JAZOULI A., *Les Années banlieue*, Le Seuil, 1992.

JEANNERET O., SAND E.A., DESCHAMPS J.-P., MANCIAUX M., *Les Adolescents et leur santé*, Presses de l'université de Montréal, Flammarion, 1983.

LAUFER M. et M.E., *Adolescence et rupture du développement. Une perspective psychanalytique*, PUF, 1989.

LE BRETON D., *Passions du risque*, Métaillié, 1991.

Le Guide des 16-25 ans, Syros, 1999

MANCIAUX M., ROMER C.J., *Les Accidents de l'enfant et de l'adolescent*, Inserm-Documentation française, 1988.

MARCELLI D., *Adolescence et dépression*, Masson, 1990.

MARCELLI D., *L'Enfant, chef de la famille. L'autorité de l'infantile*, Albin Michel, 2003.

MAUGER G., *Les Jeunes en France, état des recherches*, La Documentation française, 1994.

MONTARDRE H., *Filles-garçons, êtes-vous pareils ?*, La Martinière Jeunesse, 2003.

NATANSON M., *Des adolescents se disent. Voyage au pays des adolescents ordinaires*, De Boeck & Belin, 1998.

NAUDIN O., *Adolescence : la santé au quotidien*, Éditions universitaires, 1989.

PASQUIER D., *La Culture des sentiments. L'expérience télévisuelle des adolescentes*, Éditions de la Maison des sciences de l'homme, 1999.

PEROL H., *Ijimé, la loi du plus fort*, Rageot, 2003.

POMMEREAU X., *L'Adolescent suicidaire*, Dunod, 1996.

POMMEREAU X., *Quand l'adolescent va mal*, J.-C. Lattès, 1997.

SHANKLAND R., *L'Anorexie, sortir du tunnel*, La Martinière Jeunesse, 2003.

VAILLANT M., *L'Adolescence au quotidien – De quelques principes utiles à l'usage des parents*, Syros, 1997.

VAILLANT M., *Les Violences du quotidien : idées fausses et vraies questions*, La Martinière Jeunesse, 2002.

WILKINS J., *Médecine de l'adolescence : une expérience spécifique*, Montréal, Maloine-Distribution, 1985.

OUVRAGE COLLECTIF, *Jeunes d'aujourd'hui. Regards sur les 13/25 ans en France*, Documentation française, 1987.

OUVRAGE COLLECTIF sous la direction de P. Alvin, *Anorexies à l'adolescence*, Doin, 1996.

OUVRAGE COLLECTIF, *L'Adolescent*, Actes des VIIIe Journées nantaises de soins en pédiatrie, Fondation de France/AGF, 1994.

OUVRAGE COLLECTIF sous la direction de A. Braconnier *et al.*, *Adolescentes, adolescents – Psychopathologie différentielle*, « Païdos/ Adolescence », Bayard Éditions/Fondation de France, 1995.

OUVRAGE COLLECTIF sous la direction de A. Braconnier *et al.*, *Dépression – Adolescentes, adolescents*, « Païdos/Adolescence », Bayard Éditions/Fondation de France, 1996.

OUVRAGE COLLECTIF sous la direction de A. Braconnier *et al.*, *Du Souci au soin – Adolescentes, adolescents*, « Païdos/ Adolescence », Bayard Éditions/Fondation de France, 1997.

OUVRAGE COLLECTIF sous la direction de S. Lesourd, *Adolescents dans la cité*, Érès, 1992.

OUVRAGE COLLECTIF sous la direction de M. Choquet et C. Dressen, *Adolescence plurielle*, CFES, 1993.

OUVRAGE COLLECTIF sous la direction de P.A. Michaud et P. Alvin, *La Santé des adolescents*, Payot Lausanne, à paraître 1997.

OUVRAGE COLLECTIF sous la direction de C. Rey, *Les Adoles-*

cents face à la violence, Syros, 1996.

OUVRAGE COLLECTIF sous la direction de A. Ruffiot, *Éducation sexuelle au temps du sida*, Privat, 1992.

Brochures et enquêtes

Votre adolescent vous inquiète ? (2001) et *Comment soigner votre adolescent ?* (2003) Unafam/Fondation de France (à commander à l'UNAFAM, 12, Villa Compoint, 75017 Paris, tél. : 01 53 06 30 43).

Repères pour une attitude éducative (1996) et *Difficile adolescence. Signes et symptômes de mal-être* (2002), Phare Enfants-Parents (à commander à : Association Phare Enfants-Parents, 5, rue Guillaumot, 75012 Paris).

ALVIN P., HOULLEMARE L., JACQUET Y., JEAMMET P., LATARJET B., MABRUT J.-P., Wilkins J., *Adolescence et santé. Des soins au quotidien*, colloque organisé par la Fondation de France et le CIE à Cholet, le 27 octobre 1990.

ANGOTTI C., BOUTONNAT M., *Aimer et s'informer*, CSIS, CFES (*cf. Adresses utiles*, p. 207), 1992.

ASSOCIATION PROMST-Académie de Grenoble, *La Vie du lycéen* sondage auprès des lycéens de la région Rhône-Alpes, avril 1992 (consultable au CRIPS, *cf. Adresses utiles*, p. 207).

DAB W., MOATTI J.-P., POLLACK K., groupe KABP France, « Les Français et le sida », *La Recherche*, n° 247, 1992.

DAB W., MOATTI J.-P., POLLACK M., QUENEL P., BELTZER N., ANES A., JAYLE D., MENARD C., SERRAND C., « Connaissances, croyances et attitudes relatives au sida en Île-de-France », *Bulletin épidémiologique hebdomadaire*, 50, 1990.

DGLDT-*Okapi*-CFES, *Les Drogues : pourquoi ?*, 1992.

LAUMON B., BRACHET C., DAVID F., EXBRAYAT C., FREYNET P., SAPIN A., BUTTIN D., COLLET P., HEMON B., MARTIN J.-L., MEASSON A., VERNEY M.-P., « Jeunes et sexualité : une enquête dans deux lycées lyonnais », *Bulletin épidémiologique hebdomadaire*, 17, 1989 (consultable au CRIPS).

LE BERRE J., APS-Insight, *Synthèse Sidastrop 2 : étude prospective pour la prévention du sida auprès des jeunes*, 1990 (consultable au CRIPS).

Pour une approche globale de la santé des jeunes, rapport du groupe de travail réuni au CFES sous la présidence d'Alain Braconnier, CFES, 1990.

Santé des jeunes France, Fondation de France/AGF, 1994.

SPENCER B., « Jeunes Hétérosexuels : les obstacles au safer sex », *Transcriptase*, 7, 1992.

Revues

Adolescence, GREUPP, 13, rue de Santeuil, 75231 Paris Cedex 05.

L'École des parents et *Groupe familial*

Revues destinées aux parents et professionnels éducatifs (*cf. Adresses utiles*, p. 207).

Informations sociales, 23, rue Daviel, 75013 Paris. Revue destinée aux professionnels du social.

Transcriptase, 119, rue d'Alésia, 75014 Paris. Revue critique de l'actualité scientifique.

Index

Table des matières

Composition : Compo Sud, Carmen Fabre,
La Magdeleine-sur-Tarn (31340)
Achevé d'imprimer sur Cameron
par la Société Nouvelle Firmin-Didot
au Mesnil-sur-l'Estrée (France)
Dépôt légal du 1er tirage : août 2004
Suite du 1er tirage (4) : novembre 2007
N° d'impression : 87765
Imprimé en France